四書索引

Index
- Four Classic Books

21세기에 다시 살펴보는
孔孟思想

四書索引
사서색인

박상태 지음

다락원

序文

21세기에 다시 살펴보는 孔孟思想
- 중요 표제어 색인을 중심으로

신라 말기 10세기 후반부터 20세기를 지나 현재 21세기 2020년대 초까지 천 년 이상 우리 민족의 기본적 규범을 결정한 사상은 孔子와 孟子를 대표로 하는 유교사상이었음은 누구도 수긍하지 않을 수 없는 엄연한 사실이다. 우리가 마음 깊이 받아들이고 있는 문화적 가치는 우리나라 사람들의 국민감정(National Sentiment)에 기반하고 있으며 문화적 가치 위에 우리의 생활양식을 규제하는 규범이 형성된다. 따라서 우리는 글을 쓸 때 우리 사회 규범의 연원을 밝히기 위해 사서오경과 더불어 〈삼국사기〉, 〈고려사〉 및 근세사를 다룬 역사서와 고전적 저작—〈與猶堂全書〉, 〈燃藜室記述〉 등—을 참고한다. 이 외에도 實學 三大 학자—磻溪, 星湖, 茶山—를 비롯한 많은 실학자들의 저서와 고전적 유학과 개신 유학자들의 저작이 포함된다.

이 중 단연 가장 영향력이 크고 가장 많이 인용되는 글이 四書(〈大學〉, 〈中庸〉, 〈論語〉, 〈孟子〉)임을 부정할 사람은 없을 것이다.

넓은 의미의 동아시아 문명은 漢族과 韓族이 50여 개의 크고 작은 민족들과 더불어 이룩한 것이다. 黃河文明을 앞섰다는 遼河文明과 弘山文化는 분명히 동이족이 발전시킨 문화이며 漢字는 殷墟(은나라 중기의 首都)에서 발견된 甲骨文字를 기초로 만들어졌으며 殷은 配達國(古朝鮮)의 諸侯國이었다.

한국인은 儒教를 창시하고 궤도에 올려놓은 孔子와 같은 동이족이며 동시에 漢文은 殷에서 시작하고 발전했다. 따라서 四書를 공부해야 함은 우리 조상을 이어받는 것이므로 당연한 것이다. 더구나 고려 후기부터 조선 말기까지 유교는 우리나라의 國教로서 다른 어느 사상이나 종교보다 한국의 문화에 큰 영향을 주었고, 그에 근거하여 유교문화는 한국 문화의 주요 부분을 차지하게 되었다. 우리가 오늘날 四書에 나오는 文句를 인용하는 것은 필연적인 결과다.

孔子는 東夷人으로서 자아 형성에 대한 많은 어록을 〈論語〉에 남겼다. 여기서 東夷는 넓은 지역에 거주했고 현재도 거주하는 한민족을 포함하는 넓은 의미의 민족 집단을 의미한다. 동이인이 세운 나라는 中國 고대 왕조 중 殷이었으며 비록 周는 殷을 멸망케 했지만 殷을 계승한다고 했다. 그래서 殷의 현인 3인 중의 한 사람인 微子를 宋이란 이름의 나라 諸侯로 임명했다. 孔子는 宋의 후손이다. 宋은 두 나라로 분열되고 그 중에 하나가 孔子의 모국인 魯國이다. 孔子는 周보다는 殷을 따르려 했으나 殷이 남긴 자료가 불충분하여 周를 따를 수밖에 없었는데,

周가 殷을 계승한다고 했고 실제 洛陽에서 그것을 실감한 孔子는 '吾從周'라 하여 尊周大義를 標榜하고 이것이 尊華大義로 발전했다.

孔子 이후 중국은 몇 차례 自國 文化를 破壞했다. 이 중 기원전 200년 경 秦始皇의 焚書坑儒를 위시하여 최근 공산주의의 도입과 발전에 따라 1960년대 毛澤東이 주도한 문화대혁명의 영향이 가장 컸다. 毛澤東의 紅衛兵은 儒教와 孔子文化—사상과 문화유적 등—와 같이 자신들이 이룩한 과거의 업적을 부정하고 파괴하여 제대로 보존하지 못한 크나큰 잘못을 저질렀다는 오점을 남겼으나, 길지 않은 이 기간 중 전 국민의 낮은 문자해독 비율을 어느 정도 높이고 절대적 빈곤을 구제하는 데 긍정적인 역할을 한 것 또한 부정할 수 없다.

필자는 사회과학 분야의 하나인 사회학을 대학에서 연구, 강의하고 정년을 맞아 퇴임했다. 필자는 우리나라 국민의 가치와 규범의 기초가 되는 민족감정(National Sentiment)의 내용과 그 연원을 표현할 때 四書를 참고하고 거기에 나오는 五經의 글귀들을 참고하고 인용하면서 그 典據와 내용을 소개한 주제어나 句節의 색인이 필요함을 통감했다. 또한 우리나라의 전통과 문화적 가치의 이해가 지식인의 필수 조건임을 깨닫게 되었다.

외국에서 학위과정을 마치고 귀국한 지 어느새 45년이 되었고 퇴임한 지 15년이 지났다. 그동안 틈틈이 四書의 篇章別 주요 내용을 요약하여 기록하다 보니 어느덧 설명이 붙은 작은 索

引書가 될 크기가 되었다.

인기 가수들과 영화제작자들, 그리고 훌륭한 배우들이 앞서 이끌고 있는 이른바 韓流라는 세계적 유행이 한국의 국제적 위치를 높이는 데 큰 역할을 했음을 높이 평가해야 한다. 아울러 한글이라는 효율적인 소통 수단과 우리 국민의 높은 교육수준(40대와 50대 인구의 반 이상이 대학 졸업자인 나라는 드물다)과 이에 따른 시민의식 수준도 널리 알려지면서, 한국인의 새로운 아이디어는 물론 한국인의 가치와 제도를 선망(羨望)하고 따라야겠다고 생각하는 세계인들이 늘고 있다.

필자는 이 작은 책자를 발행하여 동료와 후학들의 인용에 一助하려 한다. 아울러 辭典類의 작업에는 많은 시간이 소요되므로 그 과정에서 오류를 완전히 제거하기 어려웠을 것으로 추측되니 이 점 독자 여러분의 관용과 叱正을 바란다.

일부 考試用 수험 대비 서적이나 인기 높은 문학작품을 제외하고 종이책의 수요가 급감하고 있는 추세를 잘 알면서도 수익이 없을 것이 확실한 출판을 허락해주신 다락원 정규도 사장님께 감사드리며, 전문적이고 성의 있게 편집과 교정을 맡아준 권명희 편집자와 도와준 편집부 여러분께도 진심으로 감사드린다.

목차

2장 孟子 索引

篇章 구성을 따른 參考書

金學主, 〈大學〉〈中庸〉, 서울, 明文堂, 1970.

張基槿, 〈論語〉, 서울, 明文堂, 1970.

車柱環, 〈孟子〉 上, 서울, 明文堂, 1970.

車柱環, 〈孟子〉 下, 서울, 明文堂, 1970.

謝冰瑩 외 5人 編譯, 〈新譯 四書讀本〉, 臺北, 三民書局, 2006.

篇章의 순서 숫자는 三民書局의 〈四書讀本〉을 따랐다. 우리나라에서 지난 50년간 출간된 많은 四書 해설서의 편장은 여러 이유로 일치하지 않는 경우가 발견된다. 그러나 본문의 내용은 몇 글자 외에는 거의 모두 일치한다.

과거 儒學書籍에서 八大聖人(堯, 舜, 禹, 殷湯, 周文王, 周武王, 周公, 孔子)에 대해서는 尊稱을 붙여 존경을 표시했으나 본서에서는 유교의 경전과 서적을 종교적 차원에서 다룬 것이 아니므로 대부분 존칭을 제외했다.

篇章의 구성과 표시

〈大學〉, 經1, 2; 傳1부터 傳7까지

〈中庸〉, 第一篇, 中1; 第二篇, 中2-11; 第三篇,

中12-19; 第四篇, 中20-26; 第五篇, 中27-33.

〈論語〉, 第一篇 - 第二十篇, 總合 計 499章

〈孟子〉, 第一篇 上, 下 - 第七篇 上, 下 - 十四篇, 總合 計 260章

1장

論語 索引

일반색인

ㄱ

可使南面 6-1 冉雍(염옹)에 대한 孔子(공자)의 評이다. "그는 소탈하므로 諸侯가 될 만하다. 몸가짐이 공경스러우며 소탈(대범)하면 더욱 좋다(居敬而行簡)."

可謂仁 14-2 남을 이기고, 자기 功을 자랑하고, 남을 원망하거나 자기 탐욕 등 네 가지를 억제하면 仁者라 할 수 있느냐는 질문에 孔子가 대답했다. "그것은 실행하기 어려우나 인자라 부를 수 있는지는 나도 모르겠다."

剛直, 定義 5-11 孔子가 강직한 사람을 보지 못했다(아주 드물다는 뜻) 하니 어떤 이가 申棖(신정)이 강직하다고 했는데, 子曰 "그는 욕심이 있다. 욕심이 있으면 강직할 수 없다."고 했다.

居敬而行簡 6-1 '可使南面' 參照.

去仁 4-5 富貴는 누구나 탐하지만 正道로 얻는 것이 아니면 누리지 말고, 貧賤은 누구나 싫어하지만 도를 지키기 위해 어쩔 수 없이 맞게 되었다면 버리지 말고 감수한다. 군자는 잠시라도 仁道를 버리지 않는다.

擧一隅 7-8 알려고 분발하지 않으면 계발해 주지 않고(不憤不啓), 표하려고 애쓰지 않으면 알려주지 않는다(不悱不發). 네 귀의 한 모퉁이를 가르치면 나머지를 알려고 반응해야 가르친다.

擧直, 擧枉 2-19 魯(노)의 哀公(애공)이 백성을 따르게(民服) 하는 방법을 질문하니 子曰 "곧은 이를 굽은 이 위에 쓰면 백성이 따르고 굽은 이를 곧은 이 위에 쓰면 따르지 않는다."

格物 傳5 格物(사물을 糾明하는 것)은 致知에 이르게 하고 다음 誠意-正心-修身-齊家-治國-平天下(明明德於天下)로 이르게 한다. 앎에 이르기 위한 첫 단계는 격물(사물을 究明하는 것)이다(致知在格物).

見善如不及 16-11 좋은(善한) 일을 보면 못 미칠까 끝없이 좇아간다.

結果 16-3 魯나라의 예를 들어 대권이 대부로부터 그리고 가신으로부터 나오기 시작한 지 4~5대가 지났으니 쇠미할 때가 되었음을 예측함.

18-6 子路(자로)가 촌부가 孔子를 비판한 것에 대해 孔子

는 사람과 더불어 현실 참여를 하지 않고는 세상을 개혁할 수 없다고 함.

謙遜 7-32 孔子 自評. "학문엔 나도 남만 못하지 않다. 그러나 실행에는 충분한 경지에 이르지 못했다."고 겸손해함.

無所成名 7-33 孔子가 자신은 聖人이나 仁者에 미치지 못하고 그저 모방하는 것을 싫어하지 않고 가르치는 것에 지치지 않을 뿐(誨人不倦)이라고 겸손해하자 제자들은 그것도 따르기 어렵다고 했다(爲之不厭).

9-7 孔子 자신은 아는 게 없다 하고 아는 것을 다 털어낼 뿐이라고 自評했다.

曾子(다섯 가지) 8-5 曾子(증자)가 顔回(안회)로 추정되는 자기 친구의 겸손함 다섯 가지를 밝힘. 자기는 유능하면서도 무능한 이에게 묻고, 多識하면서 寡聞한 이에게 묻고, 도를 지니고도 없는 듯, 德이 찼(實)어도 없는 듯, 욕을 보고도 따지지 않는다.

曾子(세 가지) 8-6 어린 임금을 맡길 수 있고, 작은 제후국의 命을 맡을 수 있고, 국가 위급을 당하여 굽히지 않으면 군자라 할 수 있다.

學問實踐 어려움 9-2 孔子 주위의 일반인들이 孔子의 다방면 기술에 익숙함을 높이 평가하자 孔子는 익살스런 표현으로

受過不辭 7-30 孔子는 자기 과실을 남이 지적하는 것을 즐거워하며 받아들였다.

15-29 잘못하고 잘못을 고치지 않는 것이 잘못이다.

過猶不及 11-15 지나침은 모자람과 같다.

狂簡 5-22 孔子가 여러 제후국들을 방랑한 후 道가 행해지지 않음을 탄식하며 한 말. 젊은이들은 광간하여 뜻이 크고 진취적이지만 조잡하고 알차지 못해 돌아가서 가르쳐 주리라 했다.

급진·중도·보수의 차이 13-21 중도를 지키는 사람과 같이 할 수 없다면 차라리 급진적이거나 고집쟁이와 같이하겠다(不得中行而與之, 必也狂狷乎). 왜냐하면 급진적인 사람은 진취적이므로 선을 행하려 할 것이고, 고집쟁이는 나쁜 일은 하지 않을 것이기에….

巧言亂德 15-26 간교한 말은 덕을 어지럽힌다. 또한 작은 일을 참지 못하면 큰일을 그르친다(小不忍則亂大謀).

巧言令色 1-3 인자는 늘 直言正色한다. 듣기 좋은 말과 낯을 좋게 꾸미는 사람은 仁愛로움이 적다.

5-25 巧言, 令色, 足恭(공손한 척 꾸미는 것)을 나(孔子)는 창피하게 여긴다.

交友法 19-3 사람 사귀는 법. 子夏(자하)는 "좋은 사람은 사귀고 아니면 거절한다."고 했다. 子張(자장)은 "군자는 어진 사람을 존중하지만 일반 대중도 넓게 받아들인다. 왜냐하면 내가 어질지 못하면 남들이 받아주지 않을 것이니 남을 거절할 필요가 없다."고 했다.

教의 定義 **中1(修道)** 도를 닦는 것을 教라 한다.

擧一偶 7-8 (앞에 나옴)

教育觀 19-12 교육의 내용은 피교육자의 수준에 따라 선후를 달리할 수 있다. 즉 말단적, 지엽적인 것을 먼저 하고 본질적인 것을 나중에 할 수도 있다.

교육은 경제 다음 13-9 먼저 경제적 부를 이룩하고 다음에 교육한다.

無奈何 9-23 가르침을 따르고 그에 따라 고치는 것이 더욱 중요하다. 따르기만 하고 고치지 않으면 어찌할 도리가 없다.

方法 7-23 학문은 일상생활 속에서 실행하는 것이다. 그러므로 진리는 일상생활 속에 있다. 감출 것도 숨길 것도 없다.

方法(差等) 11-21 적극적인 사람은 시간을 두고 행하게 하며, 소극적인 사람은 즉시 실행하게 한다.

法(無差別) 7-28 만나고자 하는 사람을 굳이 피하지 않는다. 선입견이나 과거지사에 얽매이지 않는다.

辭以疾 17-20 만나고 싶지 않은 사람에게는 그 뜻(稱病 등)을 전한다.

有教無類 15-38 가르치되 고정관념으로 차별하지 않는다.

사람은 자질에 차이가 있으나 선입관 등으로 차별하여 교육하지 않는다.

中上, 下 6-19 중간 이상의 사람에게는 심오한 철학을 가르치고, 그 이하의 사람에게는 가르칠 만할 때 가르친다.

驕且吝 8-11 교만하고 인색함은 훌륭한 재능을 발휘할 수 없게 만든다.

九經(政의 規律) 中20-3 천하를 다스림(治天下)에는 아홉 가지 경(經. rule)이 있다. 修身, 尊賢, 親親, 敬大臣, 體群臣, 子庶民, 來百工, 柔遠人, 懷諸候가 그것이다.

實行方法 中20-3 九經의 상호관계와 실행과정

求仁不難 7-29 仁은 멀리 있는가? 아니다. 인은 가까이 있고 구하면 언제든지 다가온다.

求仁而得仁 7-14 仁을 구하면 더 이상의 욕심은 버리게 된다.

君臣關係 3-19 군주는 예에 맞게 신하를 쓰고 신하는 忠으로써 군주를 섬긴다.

君子 邦有道 15-6 蘧白玉(거백옥)을 군자라 칭찬. 나라에 도가 있으면 出仕하고 도가 없으면 거두어 숨는다.

君子 病無能 15-18 군자는 자기의 무능함을 걱정할 뿐, 남이 자기를 알아주지 않음을 걱정하지 않는다.

君子 先愼乎德 傳11 먼저 덕을 쌓고 덕이 있으면 사람

君子 絜矩之道 **傳11** 君子는 자신을 잣대로 삼아 남을 헤아린다.

君子, 侍於 **16-6** 군자(또는 어른) 모심에 세 가지 허물이 있다(有三愆). 먼저 입을 여는 것, 물음에 대답하지 않는 것, 함부로 떠드는 것을 말한다.

君子, 條件 要件 **6-25** 道에 어긋나지 않으려면 군자는 文(六經-詩, 書, 禮, 樂, 易, 春秋)을 널리 배우고, 禮로써 자신을 團束해야 한다.

6-28 子貢이 "백성들에게 널리 베풀고, 많은 사람을 구제하면 仁者라 할 수 있습니까?"라고 묻자 子曰, "인자이기만 하랴, 聖人이라 하겠다."

15-17 군자는 義로 바탕을 삼고, 禮로 행하며, 공손한 말로 표현하며, 信으로 목표를 달성한다.

君子, 智, 仁, 勇 **14-30** 군자가 가는 길에는 세 가지 미덕이 있다. 어질기에 근심하지 않고, 지혜롭기에 미혹하지 않고, 용감하기에 두려움이 없다.

君子:小人 比較 **4-11** 군자는 덕(德)을 생각하나 소인은 땅(土)을 생각하고, 군자는 법(刑)을 생각하나 소인은 은혜 받기를 생각한다.

4-16 군자는 의(義)를 밝히고 소인은 이(利)를 밝힌다.

6-11 孔子가 子夏에게 군자다운 선비(大儒)가 되고 소인

같은 선비(陋儒)가 되지 말 것을 당부한다.

7-36 군자는 늘 마음이 넓고(坦) 너그러우며(蕩蕩), 소인은 항상 겁내고 두려워한다(長戚戚).

13-23 군자는 개성을 지키고 뇌동(雷同)하지 않고(和而不同), 소인은 뇌동하기만 하고 화합하지 않는다(同而不和).

13-25 군자는 섬기기는 쉬우나 바른 도가 아니면 기쁘게 하기 어렵다. 소인은 섬기기는 어려우나 비록 도가 아니더라도 기쁘게 하기는 쉽다.

13-26 군자는 태연하나 교만하지 않고(泰而不驕), 소인은 교만하나 태연하지 못하다(驕而不泰).

14-7 군자가 가끔 어질지 못한 마음을 가질 수는 있어도 소인으로서 어진 이는 본 적이 없다.

14-24 군자는 매양 위로 도덕과 진리에 통달하고, 소인은 늘 밑으로 재물과 이욕에만 통달한다.

15-1 군자는 쪼들릴 때가 많다. 소인은 쪼들리면 외람된 짓을 한다(斯濫矣).

15-20 군자는 자신을 責하고(求諸己), 소인은 남을 책한다(求諸人).

15-33 군자는 작은 일은 잘 몰라도 큰일을 맡을 수 있지만, 소인은 작은 일은 잘 알아도 큰일은 맡을 수 없다.

16-8 군자는 자기에게 지워진 天命, 大人, 聖人의 말씀

등 세 가지를 두려워한다. 소인은 천명을 모르며, 어른을 존경하지 않으며, 성인의 말씀을 업신여긴다.

17-4 군자가 도(여기서는 禮와 樂)를 익히면 백성을 사랑하게 되고, 소인이 도를 익히면 온순해져 부리기 쉽다.

17-15 군자는 鄙夫(小人)와 같이 임금을 섬기기 어렵다. 소인은 부귀를 얻지 못하면 얻으려 안달하고, 얻은 후에는 잃을까 두려워 무슨 짓이라도 저지른다.

17-23 子路가 孔子에게 군자가 용맹을 높이 여기는가 여쭈니 대답했다. 군자는 正義를 으뜸으로 여겨 정의감이 없는 용기는 亂을 일으킨 것에 불과하고 소인의 정의 없는 용맹은 도둑질에 불과하게 된다.

19-8 子夏가 말했다. 군자는 과가 있으면 반드시 고치려 하지만, 소인은 과실을 얼버무리거나 속이려 한다.

中2 군자는 상황에 따라 중용을 취하지만(時中), 소인은 기탄없이 행동하므로 중용에 反하게 된다(反中庸).

中14 군자는 평이함에 처신하며 명을 기다리지만(俟命), 소인은 위험을 행하며 요행(徼行)을 바란다.

君子尙德(非暴力) 14-6 羿(예)는 궁술의 달인이었으며, 奡(오)는 장사였으나 제명에 죽지 못했다. 禹(우)와 稷(직)은 농사짓고 일했어도 덕을 숭상하여 천하를 얻었다.

君子用其極 傳5 天命은 늘 새롭다. 군자는 그 가장 새로

움을 쓰지 않는 바 없다.

君子有大道 **傳11** 君子는 忠과 信으로 民心을 얻고 驕慢과 奢侈로 民心을 잃는다.

君子의 義務 **1-2** 孝悌는 仁의 근본이며 군자는 本에 힘써야 하고 本이 서면 나갈 길이 나오게 마련이다.

1-8 군자의 행동은 신중해야 하며 아니면 위엄이 없다. 배워야 固陋하지 않고, 忠信을 지키는 사람을 벗하고, 아니면 벗하지 않는다. 잘못한 것은 즉시 거리낌 없이 고친다.

1-14 군자는 배불리 먹기를 구하지 않으며, 편안함을 구하지 않고, 일은 민첩하게 하나 말은 신중히 한다. 道에 따라 바르게 고치면 好學者라 부를 수 있다.

4-10(先入觀 排除, 義에 따름) 군자는 한 가지만을 옳다고 고집하지 않고 모든 것을 부정하지도 않고 다만 義를 좇을 따름이다.

去仁 **4-5** 군자가 仁을 버리면 군자라 할 수 없다. 잠시라도, 위급한 때에도, 뒤집히고 넘어질 때에도 인을 지킨다.

12-16 군자는 남의 善한 아름다움을 이루게 하고, 남의 邪惡함은 善導하여 하지 못하게 한다. 小人은 그 반대로 한다.

14-29(下) 군자는 자기의 말이 행동보다 앞서는 것을 부끄럽게 여긴다.

14-44(修己治人) 子路가 군자에 대해 묻자 孔子는 修己以敬이라 했다. 그리고 남을 안락하게 해 주어야 한다. 이것은 堯舜(요순)도 이루려 苦心한 것이다.

中27 군자라는 이름으로 聖人의 道와 힘쓸 바를 다양하게 기술하고 보통사람들이 도달할 수 있는 明哲保身의 수준에 이르는 길을 기술하고 있다.

君子之道四 5-16 恭,敬,惠,義. 孔子는 鄭(정)의 재상 子産(자산)이 군자의 도 네 가지를 갖추었다고 칭찬했다. 몸가짐이 공손하고, 윗사람을 공경하고, 백성에게 자혜롭고, 백성을 부림에 의로웠다.

6-16 文質彬彬. 군자는 그 바탕(質)이 外飾(文)과 균형이 이루어져 있어야 한다.

15-21 군자는 긍지를 갖추었기에 다투지 않고, 어울려도 편당하지 않는다(矜而不爭, 群而不黨).

中12 군자의 도는 광대하면서 미세하다(費而隱). 큰 것은 천하에 싣지 못할 것이 있는 반면 작은 것은 더 이상 쪼갤 수 없는 것도 있다.

中29 動, 行, 言. 천하를 다스림에 세 가지 중한 것이 있다. 군자가 움직이면 천하의 도가 되고, 행하면 천하의 법

도가 되고, 말하면 천하의 準則이 된다.

躬自厚(내 탓이오) 15-14 자기 잘못을 엄하게 다스리고 남의 잘못은 가볍게 책망하면 원망을 받지 않는다.

鬼神觀 11-11 季路(계로)가 귀신 섬김에 대해 질문하자 孔子는 "사람도 제대로 섬기지 못하면서 어찌 귀신을 섬길 수 있는가(未能事人焉能事鬼)?"라며 일축하고 다시 죽음(死後)에 대해 질문하니 "生을 제대로 모르는데 어떻게 死를 알겠는가(未知生 焉知死)?"라며 사후에 대해서는 철저히 모르는 것으로 일관하고 있다.

敬鬼神 6-20 그러나 樊遲(번지. 孔子의 제자)가 지혜로움에 대해 묻자 孔子는 "귀신을 막 대하지 않고 멀리해야 지혜롭다(敬鬼神而遠之 可謂知矣)."고 했다.

鬼神之爲德 中16章(四書) 車(中庸 三篇五章) 孔子는 조상을 귀신으로 보면 그 덕은 크다고 한다(其盛矣乎). 祭祀 행위를 귀신 섬김의 한 형태로 환원해서 본 것이다.

禁飛躍 中15 먼 길 가려면 가까운 데부터, 높이 가려면 낮은 데서부터 시작해야 한다. 비약은 금물이며 가족부터 화합하고 의합해야 한다.

今如畵 6-10 冉求(염구)가 자기는 힘이 모자라 실행할 수 없다고 하자 孔子는 "지금 네가 스스로 선을 긋고 움추리고 있어 넘지 않을 뿐이다."라며 격려했다.

欺罔 6-24 仁者는 남이 속이면 속임에 빠지지 않고 속아도 사리에 어긋나는 일에 밝지 못해 그르치지 않는다.

忌四 7-20 孔子는 괴이한 일, 폭력, 난동, 그리고 귀신에 대해서는 별로 말하지 않았다.

器也 5-4 孔子는 子貢을 평하여 "너는 귀한 그릇이다. 최고는 子淵(자연. 顔回)이다. 顔回 다음쯤은 된다."고 했다.

旣往不咎 3-21 다 된 일을 曰可曰否하지 않고 지난 일을 탓하지 않으며 끝난 일을 다시 간하지 않는다(成事不說, 遂事不諫).

> **君子다움 1-1** 남이 알아주지 않아도 화내지 않는다.
>
> **君子의 强함 中10** 子路가 강함에 대하여 묻자 孔子는 柔寬한 남방 군자의 강함과 용맹스런 북방 군자의 강함을 나누어 군자가 중립하여 흔들리지 않는 태도를 높이 평가했다.

ㄴ

樂 1-1 朋은 같은 선생에게서 배운 사람을 말한다. 먼곳에 사는 친구가 찾아주는 즐거움을 樂이라 했다. 樂은 표현되는 즐거움이고 說(열)은 마음속으로 즐거워하는 것이다.

(好)樂 7-31 孔子는 남이 노래를 잘 부르면 다시 부를 것

랑할 수도 있고 미워할 수도 있다.

能見其過 **5-27** 指導者 德目. 자기의 과오를 볼 수 있고 스스로 자책할 수 있는 사람을 보지 못하겠으니 말세라 한탄했다.

ㄷ

段階說, 成長 **2-4** 孔子가 스스로 그의 인생 과정을 연령별 발달 과정 6단계로 구분한 단계설. 志于學(15세), 立(30), 不惑(40), 知天命(50), 耳順(60), 不踰矩(70) 등의 名句로 구성되어 있다. 이는 모든 사람이 완수할 수 있는 단계가 아니고 이상적인 단계일 뿐이다.

大孝, 基準 **中17** 舜은 大孝이며 大德(聖人)이었다. 왜냐하면 天子라는 존귀한 지위에 천하의 富를 갖고, 宗廟에서 祭享을 받고 子孫을 保存했기 때문이다.

達也者 **12-20** 통달한 사람이란 단순히 이름이 널리 알려진 데 불과한 것이 아니고, 質朴·正直하고 義를 사랑하고, 남의 말을 살펴 이해하고 겸손하게 대하는 사람을 말한다.

達孝 **中19** 武王(무왕)과 周公(주공)의 孝는 達孝(세상 사람들이 모두 孝子라 칭하는 孝)로서 여러 祭儀의 의미를 열거

백성을 교화시킴—와 같다.

大德과 小德 19-11 大德(大節)을 위해선 小德(小節)을 약간 어겨도 무방함.

德과 鄰 4-25 德은 외롭지 않고 이웃(따르는 사람들)이 있다.

德과 言 및 仁과 勇 14-5 덕 있는 사람은 올바른 말을 하지만 올바른 말을 한다고 모두 덕이 있는 것은 아니다. 어진 사람이 용감한 실천력이 있지만 용감하다고 모두 어진 것은 아니다.

德之賊 17-13 鄕原(僞善的 군자)은 속인들의 인기를 차지한 사람들이다. 이들은 큰 덕을 해친다.

德治 아래 政治 2-3 政과 刑으로만 다스리면 백성이 염치를 모르게 된다. 德과 禮로 이끌면 염치를 알고 착하게(品格을 갖추게) 된다.

道와 德 19-2 子張이 말했다. 德을 실천함에 넓지 못하고, 道를 믿음에 두텁지 못하면 도와 덕을 갖추었다고 말할 수 없다.

尙德 14-6 덕을 숭상하는 사람이야말로 군자이다.

爲政 2-1 덕으로 정치함은 북극성이 제자리에 좌정하여 뭇별을 거느리고 있는 것과 같다.

入德 中33 德은 꾸준히 닦음으로 부지불식간에 백성을 교화하고 충돌이나 矛盾이 없는 中庸의 길을 걷게 한다.

好德: 好色 9-17 女色을 좋아하는 만큼 덕을 좋아하는 사람은 드물다. 그런 사람이야말로 덕을 좋아하는 사람이다.

道之將行 14-38 도가 행해지는 것도 天命이요, 막혀 행해지지 못함도 天命이다.

ㄹ

慮 15-11 멀리 생각(遠慮)하지 않으면 가까운 근심이 생긴다.

祿 干祿法(녹 얻는 법) 2-18 말에 허물이 적고, 행동에 뉘우칠 바가 적으면 녹은 거기에 있다.

ㅁ

莫知我 14-37 세상이 나를 알아주지 않아도 하늘을 원망하지 않고 사람을 탓하지도 않겠다. 아래에서 배워 위로 통하면 하늘이 알아준다.

勉學 8-17 서둘러 배우지 않으면 때를 놓치고 배운 것을 잃을까 두려워해야 한다.

明(知性) 12-6 은근한 참언이나 절박한 하소연 등에 넘어가지 않으면 멀리 내다본다고 할 수 있고 총명하다고 볼 수 있다.

明과 誠 中21 誠, 明, 性, 教의 관계. 정성됨으로 밝아지

는(明) 것을 性이라 하고 역으로 밝음으로 말미암아 정성되어짐을 教라 한다.

明明德 經1, 傳1 밝은 덕을 밝힘. 〈大學〉의 도는 明明德, 親民, 至於至善인데, 이 세 가지 중 첫째에 대하여 밝힌다.

明明德(七段階) 經2 明明德에 이르는 이전의 七段階로서 格物, 致知, 誠意, 正心, 修身, 齊家, 治國, 明明德(平天下)이다.

明哲保身 中27 명철은 성인의 길(道)이다. 밝고 어질면 保身하게 된다.

名稱(夫人) 16-14 임금은 자기 아내를 夫人이라 부르고, 부인 자신은 小童이라 하고, 자기 나라 사람들은 君夫人이라 하며, 다른 나라 사람들에게는 寡小君이라고 하는데, 다른 나라 사람들 또한 君夫人이라 칭한다.

木鐸, 天下之(孔子) 3-24 儀(衛[위]나라의 한 읍) 國境官吏가 孔子를 뵙고 나와서 말했다. "천하에 도가 없어진 지 오래됐다. 하늘이 孔子님을 木鐸으로 삼고자 벼슬을 하지 않게 한 것이다."

苗而不秀 9-21 학문 수행의 결과는 여러 유형으로 분류된다. 열심히 할 것과 결과의 다양성을 인정하라는 것이다.

無禮, 違禮 3-1 천자도 아니면서 八佾舞를 추게 하면 무엇인들 못하겠나.

3-2 魯나라에서 전횡한 세 家門의 무례함(僭越)을 지적하다.

3-6 魯나라의 季氏(계씨)가 泰山에서 天子가 하는 것처럼 祭祀 지낸 것을 비판하다.

3-10 季氏가 정월제사(禘)를 지낸 참월 행위를 비판했다.

3-18 魯나라의 三桓(세 가문)이 예를 다하여 임금을 섬긴 것을 아첨이라 비난한 것을 비판함.

3-26 너그럽지 못한 윗사람, 경건하지 못한 禮行, 喪을 당하여 애통함이 없는 자들을 어찌 보아야 하는가? 예 없는 인간을 무시했다.

5-18 魯나라 臧文仲(장문중)은 지혜로운 이로 알려졌으나 孔子는 그가 임금이 하는 집 단장을 한 것을 두고 참월(僭越)이라 하여 지혜롭지 못하다 했다.

8-2 無禮의 결과. 공손하나 예를 모르면 헛수고가 되고, 신중하나 예를 모르면 두려워하게 되고, 용감하나 예를 모르면 난폭하게 되고, 정직하나 예를 모르면 强迫이 된다.

務本 1-2 孝悌를 지키는 사람은 윗사람(어른)을 범(犯上)하지 않는다. 군자는 근본을 세워야 하며 효제는 바로 인을 이룩하는 근본이 된다.

無爲徒食 17-22 먹기만 하고 마음 쓰는 데가 없으면 딱

美, 里仁爲美 4-1 어진 이들이 사는 마을에 사는 것이 仁을 택하는 것이며, 仁者는 인에 安住하고 사는 지혜로운 사람이다.

民可使, 不可使 8-9 백성이 행정을 잘 따르면 내용을 자세히 알지 못해도 된다. 愚民政策이 아니고 행정의 효율을 위함이다.

民德歸厚 1-9 (曾子의 말) 부모의 상을 신중히 모시고 선조를 충심으로 추모하면(愼終追遠) 백성의 덕이 두터워진다.

民服 2-19 곧은(정직한) 이를 굽은(정직하지 못한) 이의 위에 쓰면 백성이 따른다.

民有三疾 17-16 이상적인 시대와 다른 점이 세 가지 있다. 예전엔 예절을 지키지 못해도 뜻은 높았으나 요즘은 방탕할 뿐이다. 예전엔 긍지가 있으면(모난 사람) 깐깐했으나 요즘은 성내고 사나울 뿐이다. 예전엔 어리석은 이는 고지식할 뿐이었으나 요즘은 어리석은 척하고 남을 속인다.

敏而好學 5-15 諡號에 文을 넣은 이유는 민첩하지만 배우기를 좋아하고 아랫사람에게 묻는 것을 부끄럽게 여기지 않았기 때문이다(不恥下問).

民主主義 傳10-2 백성의 마음을 얻으면 나라가 번성한

方法論 **經1** 三綱領. 이것은 〈大學〉의 길을 세 강령으로 요약해 놓은 것이다. 즉 明明德, 親民, 止於至善을 말한다. 抽象化의 수준을 높여 간략화한 것임.

方法論(分析과 綜合) **中12** 군자의 도는 費而隱. 중용의 도는 모든 것을 포함하며 매우 隱微하다. 朱子(주자)는 이것을 用과 體로 설명하려 했다. 즉, 원리는 모든 것을 포함하지만 그 개별적 구현은 무한하다. 그러므로 분석과 종합이 가능하고 통계적 원리에 의한 추리가 가능하다.

邦有道, 邦無道 **5-2** 나라에 도가 세워져 있을 때 등용되고 나라에 도가 없어도 핍박받지 않을 사람으로 南容(남용)을 들었다. 孔子는 형의 딸을 그에게 시집보냈다.

5-21 나라에 도가 있을 때는 지식을 표현하고(앎을 밝히고), 나라에 도가 없을 때는 어리석은 척한다. 어리석은 척하기가 더 어렵다.

14-1 나라에 도가 있을 때엔 녹봉을 받지만, 나라에 도가 없을 때에도 녹봉을 받는 것을 치(恥)라 한다.

14-4 나라에 도가 있으면 말과 행동을 고상하게(대담하게) 해도 되지만 나라에 도가 없으면 행실은 고상하게 해도 말은 공손하게 해야 한다. 이것이 古今 萬古의 처세법이다.

15-6 나라에 도(질서)가 있을 때나 없을 때 모두 곧게 행

한다(예: 史魚[사어]). 나라에 도가 서 있으면 벼슬하고 아니면 숨는다(예: 蘧白玉). 孔子는 두 유형을 모두 군자답다고 했다.

方人(評人) 14-31 子貢이 자주 남을 비교하고 평가하니 孔子가 가르쳤다. 남에 대한 관심도 중요하지만 먼저 자신을 돌아봐야 하며 그러면 남을 평가할 겨를이 없게 된다.

犯上 1-2 孝悌를 지키면서 어른을 업신여기는 자는 적다. 어른을 업신여기지 않으며 亂을 일으키는 자는 없다. 이렇듯 효제는 仁의 근본이다.

法語之言(正言) 9-23 바른 말은 따르지 않을 수 없지만 그에 따라 잘못을 고치는 것이 더 중요하다.

報德 14-36 덕은 덕으로 갚고, 怨은 直(公平無私)으로 갚는다.

福祉(障碍人) 15-41 시각장애인에게 길과 자리를 안내하고 합석한 이가 누구인지 알려주는 것이 그를 도와주는 것이다.

本, 務本 1-2 군자는 근본을 세우는 데 힘써야 한다. 務本은 孝悌, 즉 仁을 말한다.

本立 1-2 근본이 서면(질서와 규범의 정립) 길(道)이 생긴다.

本末, 始終 經1, 傳4 본말을 구분할 줄 알고 시종을 알면 도에 가까워진 것이다.

內本外末 傳10-2 덕이 있으면 사람이 있게(모이게) 되고 사람이 있으면 土地가 있고 토지가 있으면 財物이 있고 재물이 있으면 쓰임이 있다. 그러므로 德은 本이오, 財는 末이다.

本質論 9-6 多才多能을 성인의 조건으로 보지 않는다. 小藝에 능하지 못하다.

不可奪志 9-25 大軍의 大將은 뺏을 수 있어도 보통사람의 굳건한 뜻은 뺏을 수 없다.

富貴, 貧賤 4-5 부귀는 누구나 탐하지만 정도로 얻는 것이 아니면 누리지 말고, 빈천은 누구나 싫어하지만 그것이 정당하게 주어진 것이라면 버리지 말라. 군자는 잠시라도 仁을 버리거나 어기지 않아야 한다.

富와 德(節介) 16-12 齊景公(제경공)과 伯夷(백이), 叔齊(숙제)를 비교하며 덕으로 칭송되는 것과 부는 관계가 없다고 했다.

不器 2-12 군자는 불기, 즉 자잘한 한 가지 일에만 쓰이지 않고 두루두루 쓰인다.

不器, 好禮義信 13-4 농사짓는 법과 같은 한 가지 기술을 터득할 필요가 없다. 군자는 禮·義·信으로 백성을 다스리는 것 즉 마음 쓰는 것에 힘쓴다(勞心者治人, 勞力者治於人).

不念舊惡 5-23 伯夷, 叔齊는 지나간 惡을 생각하지 않

히 밀고, 大臣으로 하여금 써주지 않음을 원한 품지 않게 하고, 元老功臣은 죄 없으면 버리지 말고, 한 사람에게 모든 것을(완벽함을) 기대하지 마라.

文質彬彬 12-8 形式과 內容. 文은 형식이요, 質은 내용이다. 질만큼 문도 중요하고 반대로 문만큼 질도 중요하다.

不憂不懼 12-4 불우불구면 군자라 할 수 있다. 속으로 늘 반성하여 허물이 없는데 무엇을 근심하고 두려워하랴.

貞而不諒(頑固) 15-36 군자는 굳고 바르지만 맹목적이 아니다. 즉 頑固하지 아니하다.

處身 中14 素其位而行. 군자는 주어진 위치에 따라 행하고, 그 밖을 원하지 않는다. 부귀하면 부귀를 행하고, 빈천하면 빈천을 행한다.

泰而不驕 13-26 군자는 태연하나 교만하지 않고, 소인은 교만하나 태연하지 못하다.

特徵 中33 聖人君子의 특징을 <詩經>의 여섯 가지 문장을 인용하여 밝혔다. 이것은 <中庸>에서 군자의 특징을 요약한 것이다.

行動과 말 2-13 子貢이 군자에 대해 묻고 孔子가 대답했다. "군자는 말에 앞서 행하고 그 후 말한다."

2-14 군자는 忠, 信 등으로 두루 통하고 편당하지 않으나 소인은 편당적일 뿐 두루 통하지 못한다.

3-7 군자는 다투지 않는다. 불가피한 경우, 예컨대 활쏘기에서 다투지만 예절을 충분히 갖춘다.

不以言擧人 15-22 군자는 남의 말만 듣고 사람을 추천하지 않고, 남의 말만 듣고 그를 버리지 않는다.

三變 19-9 군자는 경우에 따라 세 가지로 다른 게 보인다. 외모를 보면 엄숙하고, 가까이에서 보면 온화하고, 말은 명확하고 엄정하다.

三畏 16-8 군자가 두려워해야 하는 것 세 가지, 天命, 대인(높은 어른), 그리고 聖人의 말씀이다. 小人은 천명을 모르므로 두려워하지 않고, 어른을 함부로 대하며, 성인의 글을 업신여긴다.

有三戒 16-7 少年期에는 혈기가 未定된 때라 色을 조심하고(戒在色), 혈기 왕성한 장년기에는 싸움을 경계하고(戒在鬪), 혈기가 쇠잔한 노년기에는 탐욕을 경계해야(戒在得) 한다.

不忍(小) 15-26, 15-27 간교한 말을 믿으면 덕을 어지럽히고(巧言亂德), 작은 일을 못 참으면 큰일을 도모하기 어렵다.

父子關係(父爲子隱) 13-18 아비가 양을 훔친 것을 알리고 밝히는 강직한 아들이 있다 하니 孔子가 말했다. "우리는 다르다. 어버이는 자식을 위해 숨겨주고 자식은 어버이를 위해 숨긴다. 강직은 부모 자녀 간의 사랑 안에 있다."

不遷怒, 不貳過 6-2 顔回를 칭찬하는 말. 顔回는 노여움을 옮기지 않고, 과실을 두 번 거듭하지 않아 참으로 好學者라 할 수 있다.

不恥下問 5-15 謚號에 文이 들어간 이유에 대하여, 재질이 민활해도 배우기를 좋아하고 아랫사람에게 묻기를 부끄러워하지 않았기 때문이다.

分析과 綜合 傳5 〈大學〉과 〈中庸〉에서는 분석과 종합을 기본 방법으로 이용하고 있다. 또한 한 단계를 거쳐야 다음 단계에 이를 수 있다는 단계적 발전설에 기초하고 있다.

弗畔(正道) 12-15 널리 배우고 禮로써 몸 단속을 하면 도에 어긋나는 일이 없을 것이다.

不在其位 8-14, 14-27, 14-28 그 자리에 있지 않으면 그 자리의 사람이 논하는 정사를 논하지 않는다. 曾子가 말했다. 군자는 생각하는 바를 자기의 신분이나 지위 밖으로 벗어나게 하지 않는다.

朋友之道 4-26 임금을 섬기며 지나치게 자주 간언하면 욕을 보듯이 친구에게도 자주 간언을 하면 멀어진다.

貧富觀 1-15 가난해도 아첨하지 않고 부유해도 교만하지 않는 사람을 어떻게 보는지 子貢이 물으니 子曰 "괜찮은 사람이다. 그러나 한 수 위는 가난해도 도를 즐기고, 부

食)을 부끄럽게 여기는 자는 같이 논할 바 없다.

士, 四節 19-1　선비(官人)는 위급함에는 생명을 걸 줄 알고, 이득을 보면 그것이 옳은 것인지 생각하고, 祭祀에는 경건을 다하고, 장례에는 애통한 마음을 다해야 한다(愼終追遠).

士, 義務(曾子) 8-7　曾子가 말했다. 선비(행정 담당자)는 넓고 꿋꿋해야 한다. 仁(인간애)을 임무로 하니 무겁기 한이 없고 죽어야 끝이 나니 멀기도 한이 없다.

士, 定義 三級 13-20　子貢이 士(선비) 계급의 사람은 어떤 역할을 해야 되는가 물으니 孔子가 대답했다. 첫째는 행동을 바르게 하여 부끄러움을 알고 사신으로 가서 왕을 욕되게 하지 않는 사람, 둘째는 효자라 하고 우애롭다 불리는 사람, 셋째는 말한 것을 실행하고 실행하면 성과를 보는 사람이다.

奢:儉/不遜:固 7-35　사치하면 거만하게 되고 검소하면 고루해지는 폐단이 있다. 거만함보다는 차라리 고루함이 낫다.

四敎 7-24(子)　孔子는 제자들에게 학문, 덕행, 충성, 신의를 가르쳤다.

9-15(一般人)　공직에 나아가서는 公卿을 섬기고, 집에서는 父兄을 섬기고, 喪事는 정성을 다해 치루고, 술로 스스

있다(後生可畏). 그러나 40, 50이 되어서도 이름이 알려지지 않은 사람은 두려울 것 없다.

四十而見惡焉 17-26 40세가 넘어서도 남의 미움을 받으면 마지막, 즉 희망이 없다. 덕을 닦는 데도 때가 있다.

士의 條件 13-28 子路가 선비(낮은 직책의 행정 담당자)의 조건을 물었다. 孔子가 대답했다. "친구(사람들)에게 善을 권하고 형제(친척)들과 화목하는 사람이다."

> **士而懷安居 14-3** 선비가 편안한 처소만을 그리워하면 선비 자격이 없다.
>
> **(志)士仁人 15-8** 志士와 仁人은 살기 위해 仁을 버리지 않고 몸을 죽여 仁을 이룩한다(殺身成仁).

思而不學 15-30 자지 않고 먹지 않고 하루 종일 생각만 했더니 유익함이 없었다. 생각하고 배워야 한다.

思則不遠 9-30 진정으로 생각하면 그 생각의 실현이 멀지 않다. 仁도 같다.

殺身成仁 15-8 志士와 仁者는 仁을 해치면서 생을 구하지 않고, 죽음으로써 인을 이룬다.

三綱領 大學 經1 大學之道, 즉 학문의 기본 목표를 밝힌 것이다. 明明德(인간의 본성 발견, 인류의 혜지 밝힘), 親民(남을 배려함), 至於至善(지선에 머무는 지혜) 세 가지이다.

三愆 16-6 君子(여기서는 학덕이 있는 尊者를 말함)를 모실 때 범하는 세 가지 잘못을 이른다. 먼저 입 여는 것(조급함), 듣고도 대답하지 않는 것(감추기), 말이나 얼굴빛을 보지도 않고 말하는 것(맹목적)이 그것이다.

三戒 16-7 군자가 경계해야 할 세 가지를 말한다. 少時엔 色을 조심하고, 중장년엔 싸움을, 노년엔 탐욕을 경계해야 한다.

三年學 8-12 3년 공부하고 녹봉이 나오는 벼슬이라면 하는 것이 정상이다.

三德(智仁勇) 9-28 智·仁·勇 삼덕을 구비하기 어렵다. 智者는 미혹됨이 없으며(不惑), 仁者는 근심이 없으며(不憂), 勇者는 두려움이 없다(不懼).

三變(君子) 19-9 군자는 세 次元에서 다르게 보인다. 외모는 엄숙하게 보이고, 가까이 보면 온화하고, 말은 바르고 굽힘이 없다.

三事五要 1-5 治千乘之國에 요구되는 三事는 일을 잘하여 신뢰를 쌓고(敬事而信), 절약하며 백성을 사랑하고(節用愛人), 때에 맞게 백성에게 일을 시키는 것(使民以時)이다. 五要는 敬, 信, 節, 愛, 時 다섯 가지를 말한다.

三省 1-4 曾子曰 "나는 매일 세 가지를 가지고 스스로 반성한다. 남을 위한 일에 충실했는지, 벗과 사귐에 신뢰에 어긋남이 있었는지, 그리고 배운 것을 익히지 않고 전수한 것이 있었는지 등 세 가지이다."

三惡 17-18 子曰 "세 가지를 미워한다. 원색을 지우는 복합 색, 음란 음악이 바른 아악을 문란케 하는 것, 아첨하는 말로 가문이나 나라를 엎어놓는 것이다."

三月不違仁 6-5 孔子가 顏回를 칭찬하기를 "3개월간이나 仁(사람사랑 마음)을 어기지 않았다. 다른 사람들은 하루 혹은 길어야 한 달 仁에 이르렀을 뿐이었다."라고 했다.

三人行 7-21 必有我師. 훌륭한 사람은 그 행실을 따르고 過失 있는 사람의 허물은 거울삼아 고친다.

三重 中29 王天下. 천하에 왕 노릇 하는 데 허물을 줄일 수 있는 세 가지 방법을 이른다. 夏(하)·殷(은)·周 삼대의 법도는 증명할 방법이 없으면 백성들이 믿고 따르지 않으며, 후대의 좋은 법도도 존중되지 않는 것은 따르지 않는다. 그러므로 군자는 자신에 근본을 두고 선대에 비해도 손색이 없고 자연의 이치에 비추어도 어긋나지 않고, 귀신의 이치에도 맞아야 하며 그러면 행하는 일마다 법도가 된다.

三則 傳10-1 治國平天下에는 세 가지 원칙이 있다. 위정자가 노인을 노인으로 대접하면 백성들이 孝가 興하게 되고, 위정자가 어른을 어른으로 대접하면 백성들의 悌가 일어나며, 위정자가 외로운 이를 불쌍히 여기면 백성들도 이

乎哀而止).”

上知與下愚不移 17-3　매우 슬기로운 사람(上知)과 막혀도 배울 줄 모르는 사람(下愚)은 바뀌칠 도리가 없다.

上下前後左右 傳10-1　絜矩之道(士의 행동양식. 두루 살핌)를 갖추게 되면 아랫사람으로서 또는 윗사람으로서 불합리한 행동을 하지 않으며, 전에 싫어했던 것을 후에 다시 하지 않으며, 왼쪽 사람이 불합리한 태도로 나를 대했다면 오른쪽 사람에게는 그런 태도로 대하지 않는다.

色厲而內荏 17-12　겉은 위엄 있고 당당하나 內心 유약한 사람은 小人 집단으로 비유하면 좀도둑과 같다.

生死觀 11-11　子路가 귀신 섬기는 데 대해 물으니 孔子는 "사람도 제대로 섬기지 못하는데 어찌 능히 귀신을 섬기겠는가?"라고 했다. 다시 죽음에 대해서 물으니 "生도 다 모르는데 어떻게 死를 알겠는가(未知生 焉知死)?"라고 했다.

生而知之 7-19　孔子는 자칭 學而知之者라 했다. 生而知之는 되지 못해도 옛것을 부지런히 배워 아는 제2 부류에 속한다고 겸손해했다.

16-9　知에는 네 部類가 있다. 나면서 아는 사람들(生而知之, 天才), 배워서 아는 사람들(學而知之), 애써서 배우는 사람들(困而學之), 막혀도 배우지 않는 사람들(困而不學) 순

이다.

恕乎 15-23 子貢이 "한 마디로 일생 동안 지킬 수 있고 지켜야 하는 말이 있다면 무엇입니까?" 하고 물으니 孔子가 이르되 "그것은 恕(仁愛, 남도 나 같이 생각하는 것)이다. 내가 원하지 않는 일을 남에게 강요하지 않는 것(己所不欲 勿施於人)이다."라고 했다.

先王之道 6-15 문을 통하지 않고 나가는 사람은 없다(不由戶, 莫由道). 어째서 길(先王之道)이 있어도 따르지 않는가 한탄했다.

鮮矣仁 1-3 말을 공교롭게 하고 얼굴빛을 잘 쓰는 사람은 仁心이 적다.

(擇)善而固執 中24 지극한 정성은 하늘의 도와 통한다. 즉 선과 불선을 가릴 수 있게 해준다.

善人 13-29 백성을 전쟁에 쓸 만한 백성으로 만들려면 善人이 7년은 가르쳐야 한다.

善人의 道 11-19 子張이 선인의 길에 대해 물으니 孔子가 대답했다. "성인의 발자취를 따르지 않으면 善人의 방에 들 수 없다."

先行後言 2-13 子貢이 군자에 대해 묻자 孔子는 "하고자 하는 바를 먼저 행하고 후에 말하는 사람이 군자다."라고 했다.

成人과 人格完成 14-13 지혜, 청렴, 용기, 재주를 갖추고 禮樂을 더하면 인격이 완성됐다고 볼 수 있다. 그것들을 다 갖추지 못해도, 見利思義, 見危授命, 그리고 오래된 약속을 잊지 않으면 인격을 완성한 成人이라 할 수 있다.

省(日三省) 1-4 曾子가 말했다. "나는 매일 세 가지를 가지고 자신을 반성한다. 남에게 성심을 다했는가(忠), 신의를 잃지 않았는가(信), 배운 것을 익혔는가(習) 하는 것이다."

日三省(曾子) 1-4 曾子의 말. 매일 세 가지 일을 통해 자신을 반성하였다. 남을 위하는 일을 충실하게 했는가, 친구에게 신의를 잃은 바 없는가, 배운 것을 제대로 익혔는가 등이다.

三省 1-4 曾子曰 "나는 매일 세 가지를 가지고 스스로 반성한다. 남을 위한 일에 충실했는지, 벗과 사귐에 신뢰에 어긋남이 있었는지, 그리고 배운 것을 익히지 않고 전수한 것이 있었는지 등 세 가지이다."

性(天命) 中1 우주 자연의 질서를 따르는 것을 性이라 한다.

誠(治天下之基礎) 中20-3 천하를 다스리는 기초는 九經(修身, 尊賢, 親親, 敬大臣, 體君臣, 子庶民, 來百工, 柔遠人, 懷諸侯)에 있고 그 원동력은 誠이다.

聖人君子의 特徵(여섯 가지) 中33 〈詩經〉에서 여섯 구절을 인용하여 군자의 道를 밝힌다.

聖人之道(五行四果) 中27 성인의 道는 五足三能으로 설명된다. '至聖' 參照.

* 聖人은 君子와 혼용한 경우를 자주 본다. 군자로서 완벽한 인격의 소유자를 말하는 경우가 자주 보인다.

聖者 中11 군자는 中庸에 따라 세상에 숨겨져 알아주지 않는다 해도 후회하지 않는 사람을 일컫는다. 오직 성자만이 그렇게 할 수 있다.

誠者와 道 中25 정성은 만물의 始終이다. 정성을 수시로 이용하여 자기를 완성한다.

成長段階說 2-4 孔子의 인간 발전 단계설. 자신의 예를 들어 15, 30, 40, 50, 60, 70세까지의 단계로 발전한 것을 말함. 보통사람들도 이룩할 수 있는 발전단계를 이상적 표준으로 하여 친근감을 갖게 한 것이라고도 하나 보통사람이 이룩할 수 있다고 수긍하기 어렵다.

性差別(小人) 17-25 孔子의 性 差別的 論旨로서 여자 중 일부(僕妾)와 小人의 결점을 지적하고 있다.

稅金徵收 12-9 有子(有若[유약])가 魯나라 哀公에게 한 말이다. 백성이 풍족해야 임금도 풍족하다. 백성이 부족한데 임금만 풍족할 수 없다.

傳8 齊家는 修其身(자신을 수양함)에 기초한다.

水에 比喩한 發展 變動 9-16 發展과 變化는 흐르는 물처럼 쉬지 않고 끊임이 없다.

秀而不實 9-21 종자를 심어 싹은 났으나 꽃을 피우지 못하는 수도 있고, 꽃은 피었으나 열매를 맺지 못하는 경우도 있다.

誰毁, 誰譽 15-24 사람 평가에는 근거(관련 자료)가 있어야 하며 신중해야 한다.

述而不作 7-1 자신은 옛것을 믿고 좋아하여 정리하고 해석했지만 새로운 창작은 하지 않았다고 했다. 孔子는 자신을 겸손하게 평한 것으로 볼 수 있다. 그러나 훌륭한 해석은 창작을 넘어설 수도 있는 업적이다.

崇德 辨惑 12-10 子張이 덕 높이기와 미혹을 가리는 것에 대해 묻자 孔子는 "崇德은 忠과 信, 그리고 正義를 따르는 것이고, 迷惑은 따르지 않고 살기를 택했다가 다시 죽기를 바라는 것이다."라고 대답했다.

崇德 修慝 辨惑 12-21 樊遲가 덕 높이기, 邪惡 바로잡기, 迷惑함의 분별에 대해 묻자 孔子는 "일을 먼저하고 報酬를 뒤로 하면 덕을 높이고, 자기의 惡(나쁜 점)을 공격하고 남의 惡을 공격하지 않는 것이 사악함을 바로잡는 것이며, 분을 못 참고 횡포한 짓을 하며 父母에게 累를 끼치는

것이 미혹한 짓이다."라고 했다.

習 1-1 孔子는 배우고 익히는(習) 것을 즐거움으로 삼았다.

1-4 傳不習. 曾子가 매일 반성하는 세 가지 중 하나로서 배운 것을 익히지 않고 전했는가 하는 것이었다.

詩禮强調 16-13 孔子는 아들(鯉[리], 伯魚[백어])에게 詩와 禮를 공부할 것을 권했다.

17-9 詩를 공부하면 일곱 가지가 가능하고 능통하게 된다.

17-10 아들에게 〈詩經〉의 周南과 召南篇을 공부할 것을 권했다.

施諸己不願 勿施於人 中13 道는 가까이 있다. 자기가 원하지 않는 것은 남에게 베풀지 않는 것이다.

愼(三) 7-12 孔子가 신중하게 여겼던 것은 齋(謹愼), 戰爭, 疫疾이었다.

信: 無信 2-22 信은 수레의 멍에와 같다. 그러므로 無信人은 쓸모가 없다.

愼其獨 傳1 소인은 혼자 있을 때 못하는 짓이 없다가 군자를 본 후에는 속마음을 감추고 자신의 善한 面만을 드러내지만 열 눈이 보고 열 손가락이 가리키니 헛된 일이다. 그러므로 군자는 혼자 있을 때 행동을 조심한다.

愼其獨 中1 군자의 행동은 안 보이는 것이 더 잘 나타나고 작은 것도 크게 보이고 들리지 않는 것도 크게 들리게 되므로 행동을 삼가야 한다.

信而好古 7-1 孔子는 옛것을 믿고 좋아했다. 그래서 述而不作했다.

信後行 19-10 군자는 백성으로부터 신임을 얻어야 백성을 부릴 수 있으며, 윗사람의 신임을 얻어야 諫言이 받아들여진다. 신망이 없는 간언은 훼방하는 것으로 보인다.

失人 失言 15-7 더불어 말해야 하는 사람과 말을 하지 않으면 사람을 잃고, 더불어 말할 필요가 없는 사람과 말을 하면 말을 잃는다.

實證主義 3-9 孔子는 철저한 실증에 기초할 것을 주장했다. 夏의 제도(禮)와 殷의 제도의 대강을 말할 수 있다고 했다. 그러나 杞(기. 夏의 後孫國)와 宋(송. 殷의 後孫國)에서 實證할 만한 근거, 즉 文獻이 없어 구체적으로 실증할 수가 없다(〈周禮[주례]〉를 참고할 수밖에 없음을 말함).

實證主義(科學的) 3-9 夏·殷·周에서 전해진 문물제도를 귀히 여긴 孔子는 그 나라를 계승한 나라에는 전해진 자료가 없어 더 이상 연구하지 못함을 매우 안타깝게 여겼다. 그는 철저한 실증주의 주창자였다.

ㅇ

安貧樂道 7-15 "거친 음식과 불편한 잠자리의 가난도 옳지 못한 富와 貴를 누리는 것보다 즐거움이 더 크다. 不義의 富貴는 내(孔子)게는 뜬구름과 같다."

哀而不傷 3-20 〈詩經〉 첫 편을 기리면서 親喪에 애통하되 지나치지 않고 和平을 잃지 않아야 함을 강조한다.

愛子女 14-8 자식 등을 사랑한다면 노력하고 근로하도록 가르쳐 덕행을 쌓도록 해야 한다. 충실한 사람도 가르쳐야 한다. 즉 아끼는 사람들에게 고충을 겪게 해야 한다.

約(喪) 9-11 孔子는 誇示하는 것을 금했다. 그가 병들어 弟子들이 喪이 성대하게 보이도록 家臣이 있는 사람처럼 보이게 했다. 이것을 알고 그는 "누구를 속이려는가, 하늘을?"이라고 꾸짖고 제자들 앞에서 죽는 것을 선호했다.

約(節制) 4-23 절제(단속)하고도 실패하는 경우는 드물다. 爲政者에게는 節用愛民을 말한다.

言과 行 4-22 옛사람들이 말을 조심한 것은 行動이 따르지 못할까 두려워했기 때문이다.

4-24 군자는 말은 무디게 하되 행동은 재빠르게 하고자 한다.

中13 말은 행동을, 행동은 말을 돌아보아야 한다. 군자는 자기의 부족함에 늘 힘써야 한다.

言不及義 15-16 하루 종일 모여 義로운 말이 한 마디도 없다면 이 사람들은 딱하다(가르칠 방법이 없다).

言之不怍 14-21 함부로 한 말이 부끄럽지 않다면 그것은 실천하기 어려운 말이다.

予欲不言 17-19 "自然 理致 같은 절대적 진리는 이루어지고 보여줄 뿐 말이 없다. 나도 말을 하지 않으련다."고 했는데, 있는 그대로에서 진리를 발견하라는 뜻이다.

如之何 15-15 輕妄과 性急함을 경계하여 '어쩌나' 하며 심사숙고(深思熟考)할 것을 권한다.

說과 樂 1-1 배우고 익히면 기쁘고, (나를 알아주는) 벗이 멀리서 찾아오니 즐겁다.

禮, 君臣關係 3-19 군주는 신하를 禮를 지켜 쓰고 신하는 군주에게 忠으로 섬긴다.

之用 (시행) 有子 1-12 有子가 말했다. 예를 시행하는 데에는 調和가 무엇보다 중요하다. 조화를 이루기 위해서는 예로써 한다. 즉 상호 영향을 주며 시행해야 한다.

禮, 樂, 詩 8-8 시에서 감흥을 얻고, 예에서 행동 기준을 정하고, 예술 음악으로 性情을 조화한다.

禮, 人格完成 3-8 子夏와 나눈 대담에서 예는 인격을 마무리한다고 했다.

3-17 子貢과 나눈 대화에서 재물보다 禮를 중시해야 한다고 했다.

3-4 禮의 근본은 사치보다 儉朴함에 있고, 喪을 당하여는 잘 갖추는 것보다 진심으로 슬퍼하는 것이 중요하다.

9-3 예는 기본정신에 위배되지 않으면 대중의 습속을 따라도 되지만 원리나 원칙에 어긋나면 따르지 않는다.

禮樂衰退 18-9 악사들이 사방으로 흩어진 것을 두고 예악이 쇠퇴하면 나라가 쇠퇴하는 徵兆로 보았다.

禮樂은 基本 3-3 사람에게 仁心이 없다면 禮는 무슨 소용이 있으며 樂은 무엇에 쓰겠는가?

禮樂은 先進 11-1 禮樂은 화려한 後進(당시 춘추시대 말기)보다 소박한 先進(周의 初期)을 따르겠다.

17-11(**形式보다 內容**) 언필칭 예와 악을 말하지만 그 형식만을 논하고 내용을 소홀히 한다.

禮와 讓 4-13 예의 본질은 辭讓心이다. 사양심이 없는 예는 빈 것이 되어 쓸모가 없다.

禮와 刑 2-3 法治보다 德治가 성공한다. 법과 형벌로만 다루면 백성이 廉恥(부끄러움)를 모르게 되지만 덕으로 이끌고 예로 다루면 옳은 길, 즉 善에 도달한다.

惡居下流 19-20 惡德한 行으로 下流에 속하면 桀紂(걸주)처럼 모든 악행의 대표가 되기에 군자는 하류에 속함을 기피한다.

五德 1-10 子貢의 말. 孔子는 溫(온화), 良(선량), 恭(공경),

儉(검박), 讓(겸양) 등 五德을 갖추고 있다.

吾道(忠恕) 4-15 孔子가 이르기를 우리(孔子)의 도는 한 줄기로 관철되어 있다. 그것은 仁을 말하며 다른 말로 忠(자신에게 최선을 다함)과 恕(다른 사람에게도 최선을 다함)를 의미한다(曾參[증삼]의 해석).

五美四惡 20-2 子張이 바른 정치에 대해 물었다. 子曰 "五美를 존중하고 四惡을 물리치는 것이다." 五美는 惠而不費, 欲而不貪, 泰而不驕, 威而不猛, 勞而不怨이며, 四惡은 虐, 暴, 賊, 有司이다.

五十而學易 7-16 孔子는 述而不作이라 겸손했지만 末年에 大過 없이 人生을 마치기 위해 〈周易(주역)〉을 연구했다.

五要 1-5 千乘인 나라(큰 국가)를 다스리기 위해 三事와 五要의 道가 있다. 五要는 敬, 信, 節, 愛, 時이다.

五位行(君臣父子人) 經1, 傳3 經1에 至於至善을 강조하고 傳3에 군자의 위치에 따라 머무를 바를 밝혔다. 爲人君-仁, 臣-敬, 子-孝, 父-慈, 交-信 등이다.

王者(德化所要期間) 13-12 왕 노릇 할 만한 사람이 나타나 30년이 지나면 온 나라에 인덕이 행해질 수 있다.

樂山樂水 6-21 어진 사람(仁者)는 산을 좋아하고 슬기로운 사람(知者)은 물을 좋아한다. 어진 사람은 고요히 壽

하나(나이가 들어가나) 슬기로운 사람은 삶을 즐긴다.

欲善民善 12-19 위정자가 善을 행하고자 하면 백성들도 선하게 된다. 백성은 풀과 같고 위정자는 바람과 같기 때문이다.

勇 無勇 2-24 의를 보고 행하지 않으면 용기가 없는 것이고, 자기가 모시지 않아도 되는 신을 모셔 제사 지내는 것은 아첨(祈福)일 뿐이다.

勇과 義 17-23 子路가 군자도 용기를 崇尙하는지 물었다. 孔子曰 "군자가 용기는 있되 의롭지 않으면 亂이 되고 소인의 의롭지 않은 용기는 도적질이 된다."

友(可爲 不可爲) 12-23 子貢이 交友에 대해 물었다. 孔子曰 "충고를 들으면 引導하고, 듣지 않으면 그친다. 왜냐하면 욕을 보기 때문이다."

友의 役割 12-24 군자는 글로써 벗을 사귀고 사귐으로써 피차의 仁德을 높인다.

益友 損友 16-4 이로움을 주는 세 가지 사귐이 있는데, 정직한(直) 이, 성실한(諒) 이, 博學多識한 이가 그것이며, 세 가지 해로운 사귐이 있는데 비위 맞추는 것(便辟), 굽실거리며 복종하는 것(善柔), 아첨하는 것(便佞)이다.

憂慮 15-11 멀리 생각하지 않으면(無遠慮), 반드시 가까운 때나 장소에 걱정이 생긴다(有近憂).

殷有三人 18-1(微子[미자], 箕子[기자], 比干[비간]). 殷末 紂왕 때 賢人 세 명이 있었으나 쓰지 않았음을 개탄함. 微子는 떠나고, 箕子는 미친 척 노예와 섞이고, 比干은 끝까지 諫하다 죽임을 당했다.

義(言不及) 15-16 모여 앉아 자잘한 꾀 등에 대해서만 말하기 좋아하고 義에 대해 한 마디 말도 없는 사람들은 딱하다(가르치기 어렵다).

義 對 利 傳10-4 국가 운영의 기본은 이익보다 義를 가장 큰 利로 삼는다.

利, 放(向於)利 4-12 이익만을 따라 행동하면 원망을 많이 받는다.

異端의 害 2-16 六經 이외의 雜書를 배우면 해로울 뿐이다.

匿怨而友其人 5-25 二重人格인 사람을 수치스럽게 여긴다. 巧言, 令色, 足恭(공손한 척) 등 僞善과 怨恨을 숨기고 친한 척하는 것도 마찬가지이다.

仁 不仁 傳10-4 어진 임금은 재물을 생산하여 나누어 쓰고 어질지 못한 임금은 자기를 위해 재물을 쓴다. 전자는 義를 利로 보고 후자는 재물을 利로 본다.

仁 완성 어려움 5-8 제자들의 장점을 밝히며 부분적인 장점으로 仁者라 확증하기 어렵다 함. 정치적인 능력과 仁

못하고 오직 仁者만이 오래 안주한다. 仁者 바로 아래 단계에 있는 知者는 인을 이용하여 세상에 보탬을 준다.

仁과 勇 14-5 덕이 있는 사람은 옳은 말을 한다. 그러나 옳은 말을 한다고 모두 덕 있는 사람은 아니다. 仁者는 용감한 실천력이 있다. 그러나 용기 있다고 모두 仁德을 지닌 것은 아니다.

仁과 知 6-21 슬기로운 사람은 물을 좋아하고(知者樂水), 어진 사람은 산을 즐긴다(仁者樂山). 슬기로운 사람은 動的이고 낙관적이나 어진 사람은 靜的이고 묵묵하게 壽를 누린다.

仁과 忠, 節 14-18 孔子는 정치적 업적(忠이나 節)이 탁월할 경우 倫理的 仁이 모자람을 상쇄하고 넘어설 수 있음을 管仲(관중)의 예를 들어 설명했다.

仁道와 水火 15-34 물과 불은 사람에게 꼭 필요한 것이다. 그러나 水火엔 빠져죽을 수도 있지만 仁道엔 빠져 죽는 일이 없다.

人本主義 9-9 孔子는 禮를 중시하여, 상복 입은 사람, 소경, 관복(大夫) 입은 사람에게 예를 다했다.

仁에 가까운 要素 13-27 굳세고, 과감하고, 질박하고, 말이 무거운 사람이 仁에 가까운 사람이다.

仁의 所在 19-6 널리 배워 뜻을 두텁게 하고 모르는 것을 묻고 자기가 할 수 있는 것부터 생각하면 그 가운데 仁이 있다.

仁의 要素 **17-6** 子張이 仁에 대해 묻자 孔子는 공손, 관대, 신뢰, 민첩성, 은혜 베풀기 등 다섯 가지 실천이라 했다.

仁의 定義 **12-1** 顔淵(안연)이 仁에 대해 물으니 孔子가 대답했다. 克己復禮, 즉 자기를 누르고 禮로 돌아가는 것이라 했다. 모두 인으로 돌아가면 天下歸仁하게 된다. 구체적 방법은 예가 아니면, 보지 말고, 듣지 말도, 말하지 말고, 꿈쩍하지도 않는 것이다.

仁의 條件 **14-17** 非暴力이다. 管仲의 例를 들어 그가 桓公(환공)을 도와 天下를 평안하게 했는데 兵車(武)를 이용하지 않았다. 그러므로 그를 不仁이라 할 수 없다.

仁의 項目 **12-1** '仁의 定義' 參照.

12-3 司馬牛(사마우)가 인에 대해 물으니 孔子曰 "말을 신중하게 하는 것이다. 왜냐하면 실행하기 어렵기 때문이다."

仁의 行法 **12-2** 仲弓(중궁. 冉雍의 字)이 仁을 행하는 방법을 물으니 孔子가 대답했다. "사람을 만나면 大賢 만난 듯이 대하고 백성을 부릴 땐 祭祀 지내듯이 신중히 하고 내가 하고 싶지 않는 것을 남에게 요구하지 않는 것이다.

하면 나라와 집안에 원망이 없다."

仁而不佞 5-5 말주변(佞)만 좋으면 미움을 사게 된다.

仁者 4-3 仁者라야 사람을 사랑하거나 미워할 능력이 있다.

6-28 백성에게 널리 베풀고 많은 사람을 구제할 수 있다면 仁者를 넘어 聖者가 될 수 있다. 堯舜도 이룩하기 원했던 것이다.

仁者(樂山樂水) 6-22 앞의 '仁과 知' 항목 參照.

人才論 6-12 子游가 宰相 일을 하고 있을 때 孔子가 좋은 사람을 구했는지 묻자 지름길을 가지 않고 공무 이외의 일로 찾아오지 않는 사람이 하나 있다고 했다. 그의 이름은 澹臺(담대. 姓)滅明(멸명. 名)이다.

周有八士 18-11 나라가 흥성하려면 인재가 많이 나온다. 주나라 시기 한 어머니가 낳았다는 네 쌍둥이 선비를 예시하고 있다. 이들에 대한 근거나 확실한 설명은 없다.

人才登用 不亡 14-20 왕이 무도해도 훌륭한 신하를 등용하면 망하지 않는다. 衛 靈公(영공)의 사례에서 잘 드러난다.

仁之本 1-2 仁의 근본은 孝悌에 있다. 근본적으로 犯上者가 없으니 여기서 道가 나온다.

人之不知己 1-16 남이 나를 알아주지 않는 것을 걱정하지 말고 내가 남의 훌륭한 점을 알지 못하는 것을 걱정

ㅈ

自己紹介(孔子) 7-18 孔子는 자기를 다음과 같이 소개하기를 원했다. '학문에 발분하면 식사도 잊고, 그것을 즐기며 걱정을 잊고, 늙어가는 줄도 모르는 사람.'

自然攝理 天道 17-19 인간의 설명이 없어도 진리(자연섭리)는 존재한다.

自憂(孔子의) 네 가지 7-3 德을 닦는 것, 학문을 연마하는 것, 옳은 일을 듣고 바로 실행하는 것, 不善을 개선하는 것 등 네 가지를 실행하지 못할까 걱정했다.

子之燕居 7-4 孔子는 한가로울 때는 늘 온화하고 기쁜 표정을 지었다.

作亂 1-2 孝悌는 仁의 근본이다. 효도하고 윗사람을 공경하며 난을 일으키는 사람은 없다.

障碍人 15-41 孔子가 장애인 중 소경을 대하는 태도(禮)를 보여준다. 계단 알림, 앉을 자리 알림, 앉은 사람 소개 등을 했다.

賊(人生의) 14-45 어려서는 불손하고, 커서는 사람다운 일도 못 하고, 늙어서 죽지도 못하는 자는 삶의 도적(賊)이다.

戰爭 13-29 착한 이가 7년을 가르친 후에야 백성을 전쟁에 나가게 할 수 있다. 이것은 백성을 사랑하고 전쟁을 신중하게 해야 함을 말한다.

13-30 백성을 가르치지 않고 전쟁에 투입하거나 義戰이 아닌 전쟁에 백성을 동원하는 것은 바로 백성을 버리는 것과 같다.

絶四 9-4 孔子는 네 가지 행동을 걱정하고 하지 않았다. 그것은 恣意(자기 뜻만 내세우는 것)的인 것, 期必的(기필코 해야 한다는 것)인 것, 固執(완고한 고집), 그리고 獨存(자기만 옳다고 여기는 것)이다.

切磋琢磨 1-15 가난하면서 삶을 즐기고, 부유하면서 예의를 지키는 태도.

傳3 지극한 善에 머무는 것이 절차탁마의 길을 말한다.

政(讀書, 修練) 11-24 학덕이 없는 지도자는 자신을 망치고 나아가 나라를 망친다.

奉仕, 忠 12-14 子張이 政을 묻자 孔子는 자리에 있을 때 게을리하지 않고 일을 충실히 하는 것이라 했다.

三要素 12-7(食, 兵, 信) 장치의 세 가지 要素는 식량 충족, 군비 확충, 그리고 백성의 信賴다. 이 중 버려야 될 때 버리는 순서는 군비, 식량, 마지막으로 백성의 신뢰가 가장 중요하다.

欲善民善 2-19 무도한 자들을 사형시켜 백성에게 도를 지키게 함이 마땅한가 물으니 孔子가 이르기를 "정치에 살인을 이용하면 성공할 수 없다. 지도자가 선하고저 하면 백성도 따라서 착하게 된다."고 했다.

正, 其身正 13-6 위정자가 바르면 令(명령)이 없어도 행해지고 그가 바르지 못하면 명령해도 따르지 않는다.

13-13 위정자가 몸가짐을 바르게 하면 정치에 어려움이 없다. 자기를 바르게 하지 못하며 어찌 남을 바르게 할 수 있겠는가.

傳7 修身은 正心에 있다(正心修己).

政, 定義 2-21(孝+友) 정치는 孝와 友愛를 실행하고 하게 하는 것이다.

日常的 정의 13-1 子路가 정치를 묻자 孔子曰 "백성보다 앞서 일하고 백성을 위로하는 것이다. 이것에 지치거나 게을러서는 안된다(先, 勞, 無倦)."

13-6 위정자가 바르면 令 없이도 행해지고 바르지 못하면 令을 내려도 따르지 않는다.

德 2-1 덕을 가지고 나라를 다스려야 북극성을 별들이 따르듯이 질서가 이루어진다.

政과 仁 中20-1 仁으로써 도를 닦는 것이 정치다.

正 12-17 정치는 正(바로잡는 것)이다. 지도자가 바르게 나간다면 누가 감히 不正하게 나아가겠는가.

正名 12-11 齊景公이 정치에 대해 물으니 孔子曰 "임금은 임금답고 신하는 신하답고 아비는 아비답고 자식은 자식답게 하는 것이다."

13-3 군자는 명분을 세우고 그것을 표현하고 실행하는 것이다.

政權交替 2-23 子張이 10代 이후를 예측 가능한지 물으니 孔子는 "殷은 夏를 따르고, 周는 殷을 따랐으니 周의 禮를 따른다면 百世 앞도 예측 가능하다."고 했다(너무 정체된 이상만을 주장하고 있다).

德治 13-7 周의 後裔에 대한 孔子의 무한한 신뢰를 보여주고 있다.

德治 要諦 13-7 善人이 百年을 다스리면 殘人을 이기고 사형을 없앨 수 있다.

德治의 道具(正其身) 13-13 爲政者가 바르면 정치에 문제가 없다. 其身正이 정치의 요체가 된다.

守國之道 15-32(知, 仁, 莊, 禮) 지능으로 나라를 얻었어도 仁으로 지켜야 유지되고 인으로 지켜도 위엄(莊)이 있어야 따르고 따라도 예로 부려야 완정하다.

實行方法 中20-4(誠이 基礎) 天道인 誠을 실행하는 人道를 위하여 博學, 審問, 愼思, 明辯, 篤行한다.

實行方法 13-17(小利) 孔子가 재상이 된 子夏에게 서두르지 말고 小利를 꾀하지 말라 했다.

實行方法(九經) 中20-3 국가나 天下를 다스림에 九經(아홉 가지 기본, 修身, 尊賢, 親親, 敬大臣, 體群臣, 子庶民, 來百工, 柔遠人, 懷諸侯)이 필요하다.

人才登用 13-2 제자가 소국의 재상이 되자 인재 등용에 대해 孔子가 말했다. "밑의 원을 믿고 맡기고 작은 잘못은 관대히 용서하고 현명한 인재를 등용한다. 네가 모르는 인재는 남들이 추천할 것이다."

政 近者說 遠者來 13-16 정치는 가까이 있는 사람을 즐겁게 하고 먼 데 있는 사람도 따라오게 하는 것이다.

興邦, 喪邦 13-15 임금된 것보다 선한 내 말을 반대하지 않음을 기뻐하면 나라는 흥하고, 내 말이 不善해도 반대하지 않으면 나라는 망한다.

正名 14-22(位階) 자기 직위에 따른 역할을 다한다. 孔子는 특히 正名에 높은 가치를 부여했다.

政治思想 要約 20-2(尊五味 屛四惡) 다섯 가지 美德을 존중하고 네 가지 악덕을 물리치면 바른 정치를 할 수 있다. 五美는 惠而不費, 勞而不怨, 欲而不貪, 泰而不驕, 威而不猛이며, 四惡은 虐, 暴, 賊, 吝嗇이다.

政治思想(四德) 20-1 堯가 舜에게 讓位할 때와 周가 殷을 이을 때 寬(너그러움)으로 사람을 얻고, 信으로 백성의 신임을 얻고, 敏(근면)하여 功을 세우고, 公(공평)하면 누구

愛, 仁에 힘쓰고 여력이 있으면 先王의 行程을 공부(學) 한다.

2-9(稱讚 回) 顔回는 오래 말해도 반대가 없어 어리석은 듯하나 그의 사생활은 행동으로 이들을 실천하고 있었다. 그는 결코 어리석지 않았다.

朝聞道 夕死可矣 4-8 아침에 도를 깨치면 저녁에 죽어도 좋다. 이것은 道, 즉 인생의 길을 알고 실행하는 것이 목표이기 때문이다.

祖先 追慕(曾子) 1-9 (愼終追遠) 백성의 덕성을 높이는 방법은 喪禮를 신중히 거행하고 조상을 衷心으로 추모하는 것이다.

釣而不綱 7-26(弋不射宿) 孔子는 고기잡이에 그물을 쓰지 않고, 앉아 있는 새는 쏘지 않았다. 잔인한 행동은 仁心에 위배되기 때문이다.

鳥之將死(曾子) / 人之將死 8-4 曾子의 말이다. 새는 죽을 때 그 소리가 애처롭다. 사람은 죽을 때 선한 말을 한다.

周急不繼富 6-3 福祉觀. 급하면 변통해(도와) 주지만 풍족하면 더 주지 않는다.

中 中1 喜怒哀樂을 나타내지 않는 (또는 않은) 것을 中이라 한다.

지 못할 바엔 소극적인 사람보다 과격하거나 고집 센 사람을 택하겠다. 광자는 진취적으로 선을 행하고저 노력할 것이며 견자는 나쁜 일(不善)을 하지 않을 것이다.

中庸之爲德 6-27 中庸은 德이며 실천하는 것이 至極(가장 좋은 것)하지만 실천하는 이(백성들)가 드물다.

中華至尊 3-5 오랑캐 나라에 군주가 있어도 중화에 군주가 없는 것만 못하다 하여 중화민족의 자존심을 보임.

志(目的) 5-26 孔子가 제자들의 인생 목표를 묻고 자기의 목표—志向하는 바—를 노인을 편안(安)하게 하고, 벗들에게 신의(信)를 지키고, 어린이(젊은이)를 사랑(愛)하는 것이라 했다.

知(由에게)의 定義 2-17 孔子는 子路에게 아는 것을 안다 하고 모르는 것을 모른다 하는 것이 바로 아는 것이라고 앎을 정의한다.

4-1 焉得知. 어짊(사랑)이 가득한 마을이 아름답다. 이런 곳을 택하여 살지 못한다면 어찌 지혜롭다 하겠는가.

12-22 知는 知人, 사람을 알아보는 것이다. 강직한 이를 굽은 이 위에 놓으면(윗자리에 임용하면) 굽은 이가 곧게 된다.

大知 中6 舜 임금은 큰 지혜를 가진 임금이었다. 묻기를 좋아하고, 가까운 (낮은 수준의) 말도 살펴 취하고 양극단의 중간을

는 것이 더 돈독하고, 좋아하는 것보다 더 깊이 있는 것이 즐기는 것이다.

知本 傳5 三綱領에 이어 止於至善의 止를 갖추어야 定으로, 다음 靜-安-慮-得에 이르러야 道에 가까이 간다.

知本 傳5 지혜는 이치를 따지는 데 있다(知在格物).

經2(知之至) 사물의 이치를 따져 지혜를 갖춘다.

志士(殺身成仁) 15-8 志士는 仁을 해치는 삶보다는 仁을 이룩하는 죽음을 택한다.

知三(達德) 中20-2 知·仁·勇은 천하의 達德이다. 달덕으로 達道를 행한다. 好學은 知, 力行은 仁, 知恥는 勇에 가깝다. 達道는 父子, 君臣, 夫婦, 昆弟, 朋友 다섯 가지 관계를 말한다.

至聖(五足) 中31, 中32 至聖은 그 총명과 혜지로 다섯 가지를 만족 시킬 수 있고, 세 가지를 가능하게(三能) 한다.

至誠과 無息 中27 지성은 그침이 없고 오래가며(久) 우주 자연의 질서는 만물의 원동력이 됨을 時空論 六段階로 설명하고 있다.

至誠과 豫測 中24 우주 자연의 섭리는 미리 알 수 있는 것이다. 그러므로 吉凶禍福을 점칠 수도 있다.

至誠과 豫測(如神) 中24 국가의 興亡에는 반드시 前兆가 있게 마련이다. 지성의 도는 하늘과 통하니 神과 같다.

6-20 사람이 지켜야 할 道義에 힘쓰고 귀신을 공손히 다루고 멀리하면 지혜롭다. 仁者는 어려움은 먼저 치루고 보답은 나중에 받는 것이다.

15-7 더불어 말할 수 있는 사람과 말하지 않으면 사람을 잃고, 더불어 하지 않을 사람과 말을 하면 말을 잃는다. 智者(여기서는 智者라 함)는 사람도 말도 둘 다 잃지 않는다.

知者 等級 16-9 知者에는 세 等級이 있는데, 나면서 아는 사람, 배워서 아는 사람, 애써 배워 아는 사람이 있으며, 막혀도 배우지 않는 사람을 하치라 한다.

知之次也 7-27 잘 알지 못할 경우 많이 들은 것 중 좋은 것을 택하여 따르고, 많이 본 것 중에서 좋은 것을 골라서 기억하는 것이 지혜에 버금간다.

知天, 知人 中29 귀신에게 물어봐도 의심할 바 없는 것이 知天이고 백세 간에 성인을 기다리며 미혹되지 않는 것이 知人이다.

直(直人) 5-24 없으면서 있는 체 남에게 얻어다 주는 것은 갸륵하나 正直하지 못하다.

6-17 사람은 정직하게 살도록 태어났기에 정직하지 않게 사는 사람은 요행일 뿐이다.

15-6(生也直) 나라에 道가 있어도 없어도 곧게 사는 사람은 곧은 사람이고 도가 있으면 벼슬하고 도가 없으면 숨는

되는 것이다. 떠나도 된다면 道가 아니다. 道를 닦는 것을 教라 한다.

天命觀 14-38 孔子는 每事 도에 어긋나거나 무리한 일을 시도하지 않았다. 魯나라에서 전횡하는 신하들을 제거하려는 계획이 실패하자 孔子는 도가 행해지는 것도 天命이고 행해지지 못하는 것도 天命이라 했다.

天喪予 11-8 孔子가 그의 가장 사랑하는 제자 顏回가 별세하자 하늘이 나를 버린다고 통탄한 말이다.

天生德 7-22 하늘의 命을 절대적 善으로 본 孔子는 주위의 모함이나 훼방에 의연했다.

天性 17-2 인간은 선천적 자질에는 큰 차이가 없으나(性相近), 후천적인 습관이나 교육은 큰 차이를 보인다(習相遠).

天厭之 6-26 孔子가 부득이 사악한 사람을 만난 것을 제자들이 따지니 나의 잘못은 하늘이 벌을 줄 것이라 했다.

天地山水論 中26 우주 자연의 질서는 쉼이 없고 그치지 않는다.

天地之道 中26 땅은 넓고 두터우며(博厚), 하늘은 높고 밝으며(高明), 天地가 오래고 영원하여 만물을 이루게 한다.

天下有道, 天下無道 **16-2** 천하에 도가 서면 大權이 천자로부터 나오고 질서가 없으면 대권이 제후로부터 나온다. 대권이 제후로부터 나오면 十代 이내에 망하고 대부로부터 나오면 五代, 家臣으로부터 나오면 三代 이내에 망한다.

諂 **2-24** 자기가 모시지 않아도 될 귀신(제사 포함)을 모시는 것은 아첨하는 것이다.

諂과 勇 **2-24** 모셔야 할 귀신도 아닌 귀신을 모시는 것이 아첨이며, 正義를 보고 나서지 않는 것을 無勇이라 한다.

聽訟 法 規範 **12-13** 송사(재판) 처리는 남만큼 할 수 있으나 바라는 것은 송사가 없게 하는 것이며 사람들이 모두 규범을 따르면 법이 소용없다.

出身 **6-4** 출신이 微賤했던 제자 仲弓(중궁. 冉雍)에게 출신보다 능력이 중요하다고 강조했다.

忠 **1-4** 남을 위해 일할 때 성심성의를 다하는 것이다.

3-19(君臣關係) 君主는 신하를 쓰되 예로써 대하고, 신하는 군주를 忠으로 섬긴다.

14-8 사랑하는 사람에게도 시켜야 할 때는 어려운 일도 시켜야 하고 충성을 다해도 복종만이 아니라 필요할 때는 깨우쳐 주어야 한다.

忠, 信, 習(日三省 三事) 1-4 曾子의 日三省을 三事라 한다.

忠恕 (吾道一貫) 4-15 仁은 때와 경우에 따라 德目이 다르게 나타난다. 曾子의 경우 忠恕로 표현되거나 실행된다.

中13 忠恕는 道(中庸의 길)에서 멀지 않다. 자기에게 베풀어진 것이 바라지 않는 것이라면 남에게 베풀지 않는다.

忠信 9-24 성실과 신의를 지키되 나만 못한 자를 벗 삼지 말고 잘못을 기꺼이 고친다.

忠信 徒義 12-10 덕을 높이는 것은 忠誠과 信義에 힘쓰고 정의를 향해 나가는 것이다. 행함에 일관성이 없으면 迷惑된 것이다.

忠信과 好學 5-28 작은 마을에도 忠信을 지키는 사람이 있겠으나 거기에 더해 학문을 좋아해야 완성된다.

恥 14-1 제자 原憲(원헌)이 부끄러움에 대해 물으니 孔子는 無道한 나라에서 녹을 먹는 것, 즉 不義의 자리에 있는 것을 恥라 했다.

8-13 나라에 도가 섰는데 가난하고 미천하면 부끄러운 것이다. 또한 나라에 도가 없는데 富하고 貴한 것도 부끄러운 것이다.

治國 民服之道 2-19 백성이 따르게 하려면(民服) 곧은 이를 굽은 이 위에 쓰는 것이고 굽은 이가 곧은 이 위에 있

ㅌ

歎 亂世 9-8 鳳凰(聖君)도 나오지 않고, 龍馬의 河圖(치세의 법)도 나오지 않으니 다 끝났다고 孔子가 한탄한 것이다.

老衰 7-5 孔子가 노쇠하여 자기의 理想型인 周公을 꿈에서조차 볼 수 없음을 恨歎한 것이다.

道之不行 中5 孔子가 中庸의 도가 시행되기 어려움을 개탄한 것이다.

莫我知 14-37 孔子는 세상이 알아주지 않음은 개탄했지만 하늘이 알아줄 것으로 스스로 위안했다.

聞而未見 16-11 善을 따르는 사람을 보기도 했고 듣기도 했으나, 일생 뜻한 바 도를 찾아 천하에 달성시킨 사람을 듣기는 했으나 보지는 못했다.

美風不存 15-25 歷史歪曲 史之闕門也. 史官이 의심쩍은 일은 적지 않고 좋은 풍습(말 가진 사람이 말을 빌려주는 등)이 없어졌음을 개탄했다.

仁道不死 水火死 15-34 물에 빠지거나 불에 타 죽은 사람은 보았으나 仁을 따르다가 죽은 사람은 보지 못했다.

ㅍ

ㅎ

한 것을 애석해했다.

7-31 孔子는 노래에도 조예가 깊은 듯했다. 잘하는 사람에게 반복할 것을 부탁하고 따라 부르며 배웠다.

學과 個人差 9-29 같이 배웠어도 같이 道를 지키고, 같이 일을 만들고, 같이 일을 사리에 맞게 처리하기 어렵다. 개인 차와 환경 차(時差)가 있기 때문이다.

學과 思 2-15 배우고 사색해야 한다. 배우고 사색하지 않으면 어둡고, 사색만 하고 배우지 않으면 기초가 없어 위태하다.

學과 仕 19-13 子夏가 말했다. "學과 仕는 상호보완적이다. 배우고 여력이 있으면 일(봉사 仕)하고 일하고 여력이 있으면 배운다."

學問 練磨法 7-2 孔子曰 "묵묵히 배우고, 물리지 않고 계속 배우며, 남을 깨우치는 데 지치지 않는 것이 내게는 쉬운 일이다."

(不如)學也 15-30 寢食을 하지 않고 사색해 보았으나 그것은 배우는 것만 못했다.

學矣 1-7(子夏 學人 五特性). 子夏가 學人(배운 사람)의 특성을 賢賢, 易色, 事父母, 事君, 그리고 朋友有信이라 하고 이를 갖춘 사람은 배우지 않았어도 배운 사람이라 보았다.

學의 大成 創始 19-22 子夏가 말했다. "학문의 창시자

로 보는 孔子는 周의 文王과 武王의 道가 있으면 누구에게거나, 어디서나 배웠다."

學者, 古今比較 14-25 과거에는 자기 수양을 위해서 공부했다. 그러나 요즘은 남에게 보이기 위해 공부한다. 爲人보다는 爲己가 正道다.

割鷄焉用牛刀 17-4 능력에 따라 인재를 適所에 배치해야 한다(適材適所).

恒心, 恒德 13-22 恒心이 없으면 굳은 신념이 없다는 표시이며 恒德이 없으면 羞恥가 따른다.

恒者, 有恒者 7-25 한결같은 사람을 만나보면 좋겠다. 한결같기가 어렵다.

行(成就) 要件 15-5 子張이 成就하는 도리를 물으니 孔子가 말했다. "말은 忠信답게, 행동은 篤敬하게 하는 것이다."

行五者(仁, 全人) 17-6 子張이 孔子에게 仁에 대해 물으니 孔子는 다섯 가지를 실천하면 仁을 행하는 것이라 했다. 그것은 恭, 寬, 信, 敏, 惠를 말한다.

鄕原 17-13 派黨의 의리를 지키는 자들(여기서는 鄕原)은 德을 해치는 도둑들이다.

賢, 不肖 中4 中庸을 강조한다. 지혜로운 자는 지나치고 어리석은 자는 미치지(잘 알지) 못해 道를 행하지 못한다.

賢, 不賢(**修身**) **4-17** 어진 이를 보면 그와 같이 되기를 바라고 그 반대의 사람을 보면 反省한다.

14-33 남이 나를 속이지 않을까, 또는 믿지 않을까 억측하지 않고 시비를 깨달으면 현명한 사람이다.

現實參與(**出仕**) **14-41** 한 隱者가 나타나 子路가 孔門의 한 사람임을 알고 공문은 현실적으로 안 되는 것을 되게 하려고 헛수고하는 사람들이라 비판했다. 孔子와 제자들이 현실 참여에 적극적이었음을 보여주고 있다.

17-5 무도한 자가 불러도 孔子는 자기 고국을 이상적 국가로 만들려고 했다.

17-7 孔子는 무도한 자들 틈에 서는 것을 처음에는 반대했으나 충분히 수양을 쌓은 후에는 참여해도 된다고 자기 생각을 修整했다.

賢者避世 **14-39** 古代 賢者 七人을 대상으로 가장 현명한 사람은 난세 자체를 피하고 다음은 亂局을 피하고, 다음은 악덕한 이의 무례(色)를 피하고 마지막으로 나쁜 말을 피한다.

絜矩之道 **傳10-1**(**上下前後左右**) 혈구지도는 군자의 행위 양식이라 할 수 있다. 상하전후좌우를 두루 살펴 공평하고 바르게 틀을 잡은 것을 말한다. 노인을 노인으로(老老), 연장자를 연장자로(長長) 대하는 것들이 좋은 예다.

정하지 말고 나의 능력 부족을 걱정하라.

慮 15-11 멀리 생각하지 않으면 가까운 데에서 걱정이 생긴다.

病 15-18 4-14, 14-32와 같은 내용.

患疾 15-19 군자는 죽을 때까지 자기 이름이 알려지지 않음을 걱정한다.

憂 15-31 군자는 道를 염려하지 가난을 염려하지 않는다. 즉 道(인간의 갈 길)를 꾀하지 재물을 꾀하지 않는다.

不安 16-1 먼 데 사람들이 따라오지 않고(민심 이탈, 국민 분열 등) 그 나라가 잘못되는 책임은 나라 안에 있다.

盜(不欲) 12-18 孔子는 나라에 도둑이 많아지는 것은 위정자의 탐욕에 있으며 탐욕이 없으면 상을 준다 해도 도둑질하지 않는다 했다.

得之, 患失之 17-15 庸劣한 사람(鄙夫)과는 임금을 섬길 수 없다. 그들은 名利와 지위를 얻기 위해 안달하고, 얻으면 놓칠까 걱정하고, 놓치지 않기 위해 무슨 일이든 한다.

誨人 7-7 孔子는 束修(肉脯 열 두름 묶은 것. 당시 예물 중 최하인 것)의 禮 이상을 치른 사람에게 가르치지 않은 적이 없다고 하고 禮와 答禮를 중시하며 가르침을 아끼지 않는 자신의 태도를 스스로 평가했다.

7-33 孔子는 겸손하게 "나는 聖人이나 仁者 같은 해동을

감히 못하고 다만 배운 것을 실천하고 남을 가르치는 데 지치지 않을 뿐이다."라고 自評했다. 제자들은 모두 그것을 따르기가 정말 어렵다 했다.

獲乎上 段階 中20-4 精誠(자연의 이치)은 하늘의 道이며 정성스럽게 하는 것은 인간의 道이다. 자신을 돌이켜 정성스럽게 해야 부모에게 효순할 수 있고 다시 친구에게 신용을 얻을 수 있으며, 다음에 윗사람에게 신임을 얻을 수 있게 되어 결국 백성을 다스릴 수 있게 된다.

孝 1-2 有子가 말했다. 孝는 悌와 함께 仁의 근본이 된다.

定義 1-11 살아 계실 때 그 뜻을 살피고 돌아가신 후에는 그 행적을 살펴 三年 동안 삶의 길을 바꾸지 않아야 孝道라 할 수 있다.

19-17(本性=孝) 父母의 親喪에 정성을 다하는 것은 인간의 本性이므로 정성을 다해야 한다.

無違禮 2-5 禮法에 어긋나지 않는 것이 효다. 예로써 모시고, 장사 지내고, 제사 지내는 것이다.

無疾 2-6 부모는 오직 자녀의 질병을 걱정한다. 건강한 것이 효도이다.

養과 敬 2-7 효란 부모를 잘 봉양하는 것이다. 동물도 잘 기른다. 孝에서 敬(공경)이 빠지면 양육이지 孝가 아니다.

色難 2-8 늘 온화한 낯빛으로 부모 모시기가 어렵다. 열심히

일해 음식을 마련하여 드리는 것만이 효도가 아니다.

事父母 方法 4-1 드릴 말씀을 조용히 드린다(幾諫). 간(諫)을 받아들이지 않아도 공경하고 거스르지 않는다. 힘들게 하거나 맞아도 원망하지 않는다.

事父母(父母生存時) 4-19 놀러 멀리 떠나지 않으며 떠날 때는 반드시 가는 곳(方位)를 告한다.

可謂孝 4-20 돌아가신 후 三年 동안 부모가 가려던 길을 바꾸지 않아야(三年不改) 효라 할 수 있다.

父母之年(나이) 4-21 부모의 연세를 반드시 알아야 한다. 壽하심을 기뻐하고 다른 한편으로 노쇠하심을 두려워해야 한다.

古之人 14-42(不言三年) 殷의 황제들이 부모상을 당한 후 3년 동안 말을 하지 않고 총책을 맡은 재상이 대신 정사를 처리한 것은 당연한 것이었다.

不改父臣 19-18 선친의 家臣과 정치를 바꾸지 않은 孟莊子(맹장자. 魯의 大夫)의 孝를 높이 평가함.

孝와 祭禮 中19 祭禮의 깊은 의미를 제시하고 있다. '達孝' 參照.

後生可畏 9-22 후배들을 두려워하라(존중하라는 뜻). 그러나 40, 50세에도 이름이 나지 않는 이는 두려운 대상이 아니다(평균수명이 낮았을 때의 기준).

孔子와 日常

評(自評) 7-1 자신은 傳述만 하고 짓지 않았으나(述而不作), 옛것을 믿고 좋아했다.

弟子들의 評 7-37 선생님은 온순하되 엄숙하고, 위엄이 있지만 무섭지 않고, 공손하여 안도감을 주었다.

五德 1-10 선생님은 五德(溫, 良, 恭, 儉, 讓)을 갖추고 정치에 임했으니 다른 사람들과 다르다.

孔子의 自評 7-37 孔子의 中和的 人品 서술. 온순하나 엄숙하고, 위엄 있으나 무섭지 않고, 공손하되 편안하게 해준다.

9-10 回讚夫子. 아무리 따라가 봐도 멀리 우뚝 서 있고 따라가기 어려운 孔子의 높은 仁德을 顏回가 찬양하였다.

9-2 孔子의 유머. 마을 사람들이 孔子가 博學하면서도 이름 내지 않는 것을 높이 평가하자 孔子는 전문적인 일로 수레를 몰까 弓手를 할까 반문한다.

9-7 孔子 자신은 아는 게 없다고 겸손했다. 그러나 무식

한(모르는) 사람이 성심으로 물어오면 다 털어 가르쳐주었다.

13-10 自信感. 진실로 나를 써주는 군주가 있다면 1년 內에 나라를 바로잡고 3년 안에 成果(敎化를 이룩하고 부강한 나라를 만드는)를 이루겠다.

14-34 微生畝(미생무. 隱者)가 孔子의 머뭇거리고 떠나지 못함을 지적하자 孔子는 세상의 고루함을 고치고자 함이라 응대했다.

15-2 謙遜. 孔子는 남들이 자기를 博學多識하다고 하나 孔子는 그렇지 않고 仁을 가지고 貫徹할 따름(吾道 一以貫之)이라 했다.

19-22 子貢. 孔子는 周 文王과 武王의 道가 남아 있는 것 중 현명한 이들이 알고 있는 중요한 내용과 일반인들이 알고 있는 것들을 모두에게서 배웠다.

19-23 子貢의 비교. 일부 魯나라 대부들이 孔子보다 子貢이 더 현명하다는 평을 전해 듣고 子貢은 담장에 비유하여 자기는 어깨 정도의 담으로 훤히 안을 엿볼 수 있으나 孔子는 궁궐의 담과 같아 문을 찾아 들어가 보기 전에 안을 알 수 없다고 했다.

19-24 孔子 誹謗. 孔子를 비방하는 이들에게 子貢이 말했다. 다른 사람들의 현명함은 작은 언덕과 같아 누구나

넘을 수 있으나 仲尼(중니. 孔子의 字)는 해와 달처럼 높아 넘을 수 없고 선생님께 배우려 하지 않아도 선생님께는 아무 영향도 없다.

19-25 假想的 治國 結果. 子貢에게 어떤 이가 仲尼를 따르는 것은 당신이 겸손하기 때문이 아닌가 하니 子貢은 선생님의 높이로 오르려면 사다리 놓고 하늘에 오르는 것과 같으며 그가 나라를 맡아 통치하면 이상적인 국가가 될 것이라 했다.

中30 讚夫子. 仲尼는 堯舜을 祖宗으로 이어받고 周나라 文, 武王의 법도를 밝히고 天地自然의 이치를 따르니 무리가 없다.

對 障碍人 및 喪服 입은 이, 公務 수행자 등 10-16 모두에게 그들에게 합당한 예의를 갖추어 대했다.

於鄕黨 10-1 자기 마을에서는 공손하고 성실하여 말할 줄 모르는 사람처럼 보였다.

朝廷 10-1 종묘나 조정에서는 명석한 태도로 말을 잘 했으나 신중했다.

朝廷上下 10-2 孔子는 下大夫들과는 말할 때 강직하게 하고 上大夫와는 공평하고 정확하게 하고, 임금이 계시면 경건하고 태연스럽게 했다.

入太廟 10-14 태묘에서는 알아도 모든 것을 물어서 처리하는 신중을 다하는 예를 지켰다.

公門, 在闕 10-4 대궐 안에서의 여러 가지 걸음걸이와 안색 등에 대하여 밝혔다.

服裝 10-6 孔子가 이용한 여러 가지 服裝들을 말한다.

坐式 10-9 엄격하게 禮에 맞도록 자리에 앉았다.

乘車時 10-17 乘車(수레) 탔을 때의 禮儀를 밝혀 놓았다.

就寢時 10-16 취침시의 자세를 밝혔다.

齋戒時 服食 10-7 삼베옷 등 깨끗한 옷을 입고, 평소와 다른 음식, 거처도 다르게 하는 정성을 보였다.

食事內容 10-8 食事 내용을 자세하게 설명하고 있다. 특히 忌하는 것과 避하는 것을 기술하고 있다.

飮酒時(동네) 10-10 마을 사람과 음주할 때 예의를 지키고 특히 노인을 공경하여 노인이 나가기 전에 일어나 나가지 않았다.

來賓接待 10-3 君主가 불러 來賓을 접대하라고 할 때의 얼굴 빛, 발걸음, 揖의 형식을 밝혔으며, 내빈이 떠난 후 반드시 보고(復命)했다.

諸侯의 使臣으로 10-5 玉牌인 圭(옥으로 만든 각국 군주의 표시)와 예물을 바칠 때의 표정과 자세를 말한다.

禮物 送受之禮 10-11 다른 나라에 문안을 위해 대신 사람을 보낼 때 그 사람의 등에 再拜하여 고마움을 표시

한다.

君下賜 問病時 10-13 임금이 내린 음식의 종류에 따라 예를 다해 받고 이용하며, 임금과 식사할 때, 임금이 직접 문병 왔을 때의 예의를 밝혀 놓았다.

人命爲先 10-12 人命을 最重視한 孔子는 마구간에 불이 나자 인명 피해를 묻고 말에 대해서는 묻지 않았다.

障碍人, 對 15-41 당시 樂師는 대체로 소경이었다. 그들에 대한 예의도 밝혔다.

親友喪 祭重視 10-15 親友 喪에 돌볼 사람이 없는 경우 孔子는 자기 집에 모시고, 들어오는 물건 가운데 제사에 쓸 것은 절하고 받고, 다른 물건은 값비싼 것이라도 절하지 않았다.

個人史(不運) 18-3 孔子가 등용이 안 된 첫 번째 경우. 이후에도 孔子의 불운이 계속된다.

> **不賢(女와 樂을 탐한) 피함 18-4** 孔子가 벼슬을 하여 발전하는 魯나라를 해치기 위해 齊나라에서 미녀 80여 명과 악기를 보내왔다. 과연 풍악에 홀려 魯나라는 사흘간 朝禮를 하지 않으니 孔子가 노를 떠났다.

政治 參與 18-5 末世에는 政治 參與가 부질없다는 것을 은자들이 孔子에게 경고한 경우를 말한다.

18-6 道가 무너져 정치 참여 不可를 주장한 은자들에 대

해 孔子는 말했다. "사람은 새나 짐승이 아닌 사람과 더불어 살아야 하므로 참여해야 하며 도가 무너졌기에 바로 세우기 위해 참여해야 한다."

出仕 18-7 군자의 出仕는 君臣의 義를 지키고 피하지 않으려 함이다.

忌四 7-20 孔子는 怪(怪變), 力(暴力), 亂(亂動), 神(鬼神) 등 이치에 맞지 않는 일에 대해서는 말하지도 評하지도 않았다.

不語 9-1 孔子는 仁(어짊)과 命(목숨)을 利(돈)과 연결해 말하지 않았다.

인물 평가 1. (弟子 外 인물)

蘧伯玉 14-26 欲寡其過. 사기의 허물을 되도록 적게 하려고 노력하며 지낸다는 蘧伯玉을 그가 보낸 使者와 더불어 높이 평가했다.

季文子(계문자) 5-20 季文子가 세 번 생각한 후에 행동했다 하니 孔子는 두 번 생각해도 족하다 했다. 거듭 생각하고 행동하는 것이 바람직하나 세 번은 優柔不斷해질 수 있기 때문이다.

公叔文子(공숙문자) 14-14 公叔文子가 말할 때 되어야 말하고, 정말 즐거워야 웃고, 의로워야 재물을 취했다 하니 孔子는 "그래야지!" 하면서도 정말일까 의심했다.

14-19 公叔文子가 자기 가신을 자기와 동렬의 지위에 추천했다 하여 높이 평가했다. 知人, 忘己, 事君을 三善이라 했다.

管仲 3-22 管仲이 검약하지 않고 예를 지키지 않음을 孔子는 器小(기량이 작다)라 했다.

甯武子(영무자) 5-21 甯武子(衛의 大夫)는 나라에 도가 서 있으면 아는 척하고 도가 없으면 어리석은 척했다. 어리석은 척하기는 아는 척하기보다 더 어렵다.

柳下惠 18-2 柳下惠는 和德人이라 부를 만하다. 그는 魯의 士師 자리에서 세 번을 쫓겨나고도 魯나라를 떠나지 않았다. 그 이유는 道를 곧게 지키기 위함이라 했다.

孟公綽(맹공작) 14-12 孟公綽은 큰 나라의 家臣으로는 충분하나 작은 나라라 해도 大夫가 되기에는 모자란다.

孟之反 6-13 전쟁에서 이기고 늦게 돌아오며 싸워 이기느라 늦은 것을 자기 말이 느려 늦었다고 겸손했다.

武王 中18 周 武王은 文王의 아들로서 문왕의 아우인 周公의 도움으로 천하를 다스리고, 禮 특히 葬禮制度를 확립했다.

文王 中18 周 文王은 周의 王業을 일으킨 王季(왕계)를 아버지로, 그리고 武王 같은 훌륭한 아들이 있어 王業을 확고히 했다.

微生高(미생고) 5-24 微生高는 식초를 얻으러 온 사람에게 식초가 없다 하지 않고 이웃에서 빌려다 주었다. 이것은 곧음(直)을 해친 것이다.

伯夷, 叔齊 5-23 伯夷와 叔齊는 지나간 악을 생각지 않아(不念舊惡) 자연히 怨望하는 일도 드물었다.

舜 **中6** 舜임금은 큰 지혜를 가진 분이었다. 묻기를 좋아하고 악은 숨기고 선은 드러내려 했다. 양극단의 중앙(中庸)을 취했다.

中17 舜임금은 大孝子였다. 德으로는 聖人, 尊貴하기로는 天子, 富로는 세상 모든 것을 가졌다. 살아서는 선조를 받들어 모시고 죽어서는 자손의 奉祀를 받았다. 큰 덕에 어울리는 모든 것을 갖추게 되었다.

舜, 禹 **8-18** 높고도 크도다. 순과 우는 요와 순으로부터 각각 천하를 禪讓받고 나라를 어진 이들에게 맡겼다.

晏平仲(안평중) **5-17** 晏平仲(齊의 大夫)은 남과 잘 사귀고 오래 사귄 사람에게도 예를 지키고 공경했다.

陽貨 **17-1** 無道한 양화의 초청을 孔子는 말과 행동으로 거절했다.

堯 **8-19** 堯임금은 위대하여 하늘만이 그토록 클 수 있고 오직 堯만이 하늘을 본받을 수 있었다.

禹 **8-21** 禹임금은 흠잡을 데가 없는 완전한 분이다. 음식, 옷, 궁궐은 검소하게 하고 백성을 위한 일, 특히 水利사업에는 힘과 정성을 다했다.

衛公子 荊(위공자 형) **13-8** 衛의 公子 荊의 富而不驕함, 그리고 경제생활에 있어 知足함을 칭찬했다.

臧武仲(장무중) **14-15** 臧武仲이 군주를 압박해 表裏不同

함을 孔子는 비판했다.

臧文仲 5-18 不知禮. 臧文仲은 집 단장 등 신분에 어긋나는 일을 한 것을 비판함.

15-13 不立賢. 臧文仲은 어진이(柳下惠)를 추천하여 같이 일(정치)하지 않고 자리를 도둑질했다고 비판함.

齊桓公 14-16 正而不譎. 晉文公 참조.

周 8-20 舜은 5인의 신하로 천하를 잘 다스렸고 周 武王은 10인의 훌륭한 신하와 천하의 三分의 二를 가지고도 쓰러져가는 殷에 복종했다.

晉文公(진문공) 14-16 譎而不正. 춘추시대 覇者들인 晉文公을 齊桓公과 비교해 晉文公의 농간과 부정을 비판하고 齊桓公이 바름을 취하고 농간하지 않음을 높이 평가함.

祝鮀(축타. 佞) 6-14 祝鮀의 口辯은 나라를 구할 수도 있었지만 미모만으로는 불륜을 저지를 뿐 나라를 구할 수 없었다.

泰伯(태백. 至德) 8-1 周의 왕자인 泰伯은 부친의 뜻을 살펴 남이 모르게 후계 지위를 양보하여 至德人이라 평가했다.

인물 평가 2.(弟子)

子貢(賜) 5-4 子貢을 그릇(器-쓸만한 사람)이라 평했다. 귀한 그릇(瑚璉)이지만 높은 군자에는 미치지 못한다 했다.

5-12 子貢이 자기는 남의 억지를 당하는 것을 원치 않고 남에게 억지를 부리는 것도 원치 않는다 하니 孔子는 그에 미치기 어렵다 했다. 仁의 중심은 恕이므로 현실적인 子貢에게는 어렵다는 것이다.

14-31 남을 자주 평가(方人)하는 子貢에게 孔子는 그럴 시간이 없다고 했다. 자기를 돌아보는 것이 먼저이기 때문이다.

子文(자문. 陳文子[진문자]) 5-19 지혜와 청렴결백은 仁을 얻는 조건이다.

子路 5-7(戒過勇). 子路의 용맹과 忠信을 높이 평가하나 사리 분간이 모자란다.

5-14 子路는 가르침을 듣고 실천하지 못하면 또 다른 가르침 듣기를 두려워했다.

9-26(讚) 12-12 재판에서 판결을 정확히 내릴 수 있는 사람이 子路다. 그는 일을 묵히지 않는다.

11-14(外堂未入室). 子路는 학문이 堂에 오를 정도가 되었으나 아직 안방까지 들지는 못했다.

子産 5-16(讚) 子産은 孔子의 제자가 아닌 孔子 이전에 孔子의 이상을 실현하고자 한 재상(鄭나라)으로서 군자의 道 네 가지, 恭(몸가짐), 敬(위를 섬김), 惠(은혜로 기르고), 義(바르게 부림) 등 덕목을 구비했다.

宰予(재여) 5-10(酷評) 宰予는 孔子의 제자로서 낮잠을 자며 게으른 그를 보고 남의 말만 믿지 않게 되었다고 혹평했다.

公冶長(공야장) 5-1(可妻) 한번 믿은 사람을 신뢰하는 孔子의 對人 태도를 밝히고 죄 없이 투옥되었던 그에게 孔子는 형님의 딸을 시집보냈다.

子游評子張 19-15 子游는 子張이 남들이 못하는 것도 할 수 있는 능력을 높이 평가했으나 그가 仁의 경지에는 이르지 못했다고 평했다.

曾子評子張 19-16 曾子는 子張의 당당함을 높이 평가했지만 더불어 仁을 행하기는 어렵다고 평했다.

子賤(자천) 5-3(君子哉) 孔子는 어린 제자인 子賤의 군자다움을 보고 그가 보고 배웠을 魯나라에는 군자가 많았을

했다.

無所不說 11-3 顔回는 孔子의 말(생활지침)을 무엇이나 이해하고 기뻐했다.

回死 11-7 아무리 아끼는 제자(顔回)라도 예에 어긋난 장례는 용인하지 않았다.

天喪予 11-8 孔子의 顔回 평가는 그가 죽었을 때 "하늘이 나를 망쳤다."고 한 표현을 보면 그 높이를 짐작할 수 있다.

厚喪 11-10 孔子를 아버지처럼 여겼던 顔回를 자식처럼 생각해 그 청빈 정신을 지켜주고 싶었던 孔子는 일부 제자들이 厚한 장례를 지냄에 유감을 표시했다.

顔回의 中庸 中8 回의 사람됨은 중용을 취하여 한 가지 善을 얻으면 꼭 지니고 잃지 않았다.

進不止 9-20 孔子가 평했다. "顔回는 항상 전진하고 멈춘 적이 없었다."

南容 5-2(邦有道) 南容은 나라에 道가 있으면 버림받지 않고 言行이 신중하여 道가 없어도 형벌이나 誅戮을 면할 사람이라 평했다.

11-5(愼重) 南容의 신중함을 높이 여겨 孔子 형의 딸과 혼인하게 했다.

閔子騫 6-7(權力抵抗) 魯의 僭越 權門 季氏의 부름에 응하지 않고 저항했다.

11-4(孝) 閔子騫의 孝行을 칭찬했다. 특히 계모의 악행에도 효도한 그를 효자라 했다.

11-13(言必有中) 閔子騫은 말이 적었으나 말을 하면 事理에 的中했다.

申棖 5-11(非剛直) 孔子가 아직 강직한 사람을 보지 못했다 하자 어떤 이가 申棖이 강직하다 하니 그는 욕심이 있어 강직하다고 할 수 없다고 했다. 강직함은 욕심이 없음을 전제로 해야 한다.

冉求 11-16(鳴鼓功之) 제자 冉求가 政事에 뛰어났으나 無道한 魯 재상의 富를 늘려주자 孔子는 그가 나의 弟子(吾徒)가 아니라 하고 북치고 공격해도 좋다고 했다.

冉耕 6-8(惡疾) 덕행이 뛰어난 冉耕이 악질(문둥병으로 추측)에 걸려 孔子가 문병하러 가서 창 밖에서 손잡고 이별하며 애석해했다.

冉雍 5-5(讚) 冉雍이 仁德이 있고 구변이 없음은 문제되지 않는다.

6-1(敬, 簡) 冉雍은 옳은 제후가 될 만하다. 몸가짐을 공경스럽게 하고 소탈(簡)하면 좋겠으나 남에게 관대하면 조략할 수 있다.

6-4(出身, 資質) 冉雍의 출신보다는 자질이 중요하다.

冉有(염유) 13-14(責亡) 冉有가 나랏일이 아닌 권력자 개인 일로 시간 보냄을 책망했다.

漆雕開(칠조개) 5-6(謙遜) 漆雕開에게 벼슬을 권하자 자신이 없다 사양하니 孔子가 그 겸손함을 기뻐했다.

弟子들의 비교

回, 子路(由) 7-10 세상에서 써 주면 실천하고 버리면 숨는 일은 孔子 자신과 顔淵만이 할 수 있다. 그러나 子路가 누구와 큰일(예: 전쟁)을 도모하겠는지 물으니 용감하나 무모한 사람과는 같이하지 않겠다고 그를 훈계했다.

師, 商 11-15(過不及) 師(子張)와 商(子夏) 중 누가 더 현명한가 질문(子貢)하니 "師는 지나치(過)고 商은 모자라(不及)니 둘 다 같다."고 했다.

回, 賜 11-18(貧富) 回의 청빈을 높이 평가하나 子貢(賜)의 재산 증식도 슬기롭다 했다.

由, 求 11-23 由(子路)와 求(子有)는 둘 다 卒臣감이지 大臣감이 못 된다.

由, 求, 赤 5-8 세 사람 모두 仁德 면에서 의문이 간다.

由, 賜, 求 6-6 세 사람 모두 최고 지위 아닌 다음 지위에 종사할 수 있다.

對談 11-25

Ⅰ. 子路, 曾晳(증석), 冉有, 公西華(공서화) 네 제자가 孔子를 모시고 있었다. 세상이 몰라준다고 하지만 알아주어 써준다면 어찌할 것인지 어려워 말고 허심탄회하게 말하라 했다.

Ⅱ(子路). "저(子路)는 千乘之國을 다스리게 되면 그 나라가 아무리 어려운 처지에 있더라도 3년 내에 富國强兵을 이룩하겠습니다."라고 하니 孔子가 빙그레 웃었다.

Ⅲ(求). 작은 나라를 다스리면 3년 안에 부국 풍족하게 하겠으나 禮樂은 제게 힘겨워 다른 君子에게 맡기겠다.

Ⅳ(公西華, 赤). 내가 다스릴 수 있다는 것이 아니고 좀 더 배우고 군자의 예를 돕겠다.

Ⅴ(曾晳). 벗과 기우제를 지내고 노래를 부르겠다 하니 孔子도 동감이라 했다.

Ⅵ(評價). 제자들이 다 나간 후 남은 曾晳과 평가하며 제자들의 특성에 따라 가르치려 질문하고 대답을 유도했다고 밝혔다.

人性(誾, 行, 侃) 11-12 孔子를 모신 閔子騫은 공손(誾)했고, 子路는 강직한 모습을 보이고, 冉有와 子貢은 화락한 모습이어서 孔子도 즐거운 모습이었다. 그러나 강직하기만 한 子路가 조용히 생을 마치기 어려울 것을 걱정했다.

缺點 11-17(愚, 魯, 辟, 喭) 애제자들의 단점을 지적했다. 柴(시. 子羔[자고])는 중후하나 우직하고, 曾參은 진실하나

鈍하고, 師(子張)는 굳세나 겉치레가 과하고, 由(子路)는 강직하나 속되다.

子産, 子西(자서), 管仲 14-10 子産(鄭나라 大夫)은 자혜로운 사람이고, 子西(楚[초]나라 公子)는 보통사람이고, 管仲(齊나라 大夫)은 정치력이 탁월하다.

[일러두기] 특별한 記述이 없는 한 모든 記述은 孔子의 語言이다. 孔子에 대한 존칭은 대체로 생략했다. 다른 성인들도 존칭이나 칭호는 생략했다.

2장

孟子

索引

孟子

間於齊楚 **1下13** 滕文公(등문공)이 孟子(맹자)에게 滕은 齊와 楚 두 大國 사이에 있는 小國으로 두 나라 중 한 나라를 섬겨야 하는지 守國之法를 물으니 孟子가 대답했다. "軍事用兵 등은 자기가 所管할 수 있는 분야는 아니지만 굳이 대답한다면 오직 한 가지, 守義愛民이라 했다. 즉 義의 길로 나가며 백성과 한뜻으로 나라를 지키는 것이다."

彊爲善 **1下14** 强大國에 대항하는 법은 힘써 선을 행하고(彊爲善) 天命을 기다리는 것뿐이다.

客卿之道 **2下6** 한 나라의 고위 관리(客卿)가 외국에서 처신하는 법. 행동은 고답적으로 하고 말은 겸손하게 한다.

居移氣, 養移體 **7上36** 거주환경이 사람의 기상을 바꾸고, 奉養되는 내용이 사람의 몸을 바꾼다. 仁이란 넓은 집에 살고 義란 마땅한 길을 가는 것의 당연함과 소중함을 말하기도 한다.

十一租 6下10 십일조보다 적게 받는 것은 禮法에 없는 것이다.

稅制(取民有制) 3上3 稅金을 취함에 십일조와 공동경작제(公田) 등 大本을 세워놓아야 한다.

一遊一豫 1下4 밭 가는 봄 농사에 부족한 것을 도와주며(一遊), 가을 추수에 모자라는 것을 도와주는(一豫) 것을 큰 德治로 보았다.

征三種 7下27 征(取稅)의 세 종류로서, 여름에 織物(布縷), 가을에 穀物, 겨울에 勞役을 말한다. 세 가지 중 한 가지만을 징수하고 나머지는 경감해 준다. 세 가지 중 두 가지를 징수하면 굶어 죽는 송장이 생기고, 세 가지를 모두 징수하면 父子가 離散되고 가족이 파괴된다.

恭者, 儉者 4上16 恭敬者는 남을 모욕하지 않고, 儉約者는 남의 것을 빼앗지 않는다. 恭儉者는 말과 얼굴 빛을 지어낼 수 없다.

過與不及 7上44 中斷하면 안 되는 일을 중단하는 사람은 중단하지 않는 일이 없고, 厚하게 해야 할 일에 薄하게 하는 사람은 박하게 하지 않을 일이 없을 것이다.

關(古, 今) 7下8 옛적의 關門(검문소)은 포악한 짓을 못 하게 하기 위함이었으나 요즘의 關은 포악한 짓을 하기 위해 있다. 이상과 현실의 괴리는 동서고금을 막론하고 보편적

窮則, 達則 (士) 7上9 士는 窮해도 失義하지 않고 達(잘됨)해도 正道에서 벗어나지 않는다. 得志(達)하면 백성에게 은택이 가해지고 不得志(窮)하면 德을 닦아 세상에 보여준다.

權道 3下1 枉尺直尋. 한 자를 구부려 여덟 자로 곧게 펴는 것을 말한다. 지위에 맞는 지시가 아니면 참수를 당할지라도 응하지 않는다.

4上17 임시방편. 남녀가 직접 손을 잡는 것은 非禮이나, 兄嫂가 물에 빠져 손을 잡아 구하는 것은 權道이다. 그러나 天下는 道로 구하지 손으로 구할 수 없다.

餽贐 2下3 떠날 때 보내주는 금품은 예에 맞을 때 받는다. 아니면 재물로 매수되는 것이다.

規矩 4上1 아무리 눈 밝고 기술이 좋아도 規矩(道具)가 없으면 완벽한 圓을 그릴 수 없듯이 마음과 소문만 가지고 나라를 다스릴 수 없다. 즉 殷·周代 先王들의 모범(規矩)을 본받아야 가능하다.

其所不爲. 所不欲 7上17 君子다운 올바른 길은 자기가 하지 않는 것을 남에게 시키지 않으며, 자기가 원하지 않는 것은 남에게도 원하도록 하지 않는 것이다.

不違農時 1上3 농사철을 지키고, 어족을 보호하고, 벌목을 때맞추어 하면 生民을 보호하고 死民을 장사 지낼 때

孔子의 行績

去父母之國, 去他國之道 **7下17** 孔子가 등용되지 않는 나라에서 떠날 때, 부모의 나라(魯)에서는 戀戀해하며 느리게 떠났으나 남의 나라(齊)에서는 재빠르게 떠났다.

仕와 天命 **5上8** 孔子는 周遊天下하는 중 나아갈 때에는 禮에 따라, 물러갈 때에는 義에 따랐고 벼슬할 때에는 天命에 따랐다고 한다.

仕(交際諸侯) **5下4** 聖賢들이 제후와 교제할 때에는 禮에 기초하여 행동하고, 보내 준 幣帛이 강도질한 물건이라면 받을 수 없다 했으나 제후의 폐백은 백성을 괴롭힌 결과라 해도 강도의 것과는 달라 받는 것이 의롭다 했다.

三月無君則弔 **3下3** 孔子는 3개월간 섬길 사람이 없으면 슬퍼하고 황황히 떠났다. 그는 모든 행위를 예에 맞게 하려고 노력했다.

(無)上下之交(危厄) **7下18** 君子도 上下 人物과의 교제가 필요하다. 孔子가 陳과 蔡 두 나라에서 곤액을 당한 것

은 賢臣이 없었기 때문만이 아니고 상하 인물들과 교제가 없었기 때문이라 해석했다.

讚孔子 **2上2** 孔子는 그 누구보다 훌륭하게 去就에 禮와 義를 따랐다.

인간관계('孝悌' 參考)

敎亦多術 6下16 탐탁하지 못한 사람은 가르치지 않는다. 이것도 가르치는 方法의 하나다.

交友法 5下3 交友는 그 사람의 德을 볼 뿐이지 年齡, 尊貴 與否, 형제의 能力이 개재되지 않는다.

敎育基準과 方法 7上41 이루고자 하는 道의 수준은 사람에 따라 높이거나 낮출 수 없다. 大匠(큰 장인)은 가르칠 때 사람에 따라 도구(기준)를 바꾸지 않고, 弓術도 기준을 바꿔가며 가르치지 않는다.

敎育對象(五類型) 7上40 孟子는 교육방법으로 다섯 가지 類型을 들고, 크게 성할 가능성 여부에 관계없이 모두 가르쳤다. 부쩍 자라게 하는 법, 德을 이루게게 하는 법, 재능을 발전시키는 법, 물음에 대답해 주는 법, 혼자서 할 수 있게 하는 법 등이다.

敎育方法(消極的, 不答) 7上43 貴한 신분을 내세워 묻거나, 잘난 재주, 年長, 功勳, 안면 등을 믿고 묻는 자에게는

자관계의 정을 지키기 위해 자식은 남의 자식과 서로 바꿔서 가르친다(易子敎之).

4下30 세속에서의 불효 5가지를 들고 善不善과 그 기준을 가지고 다투는 것(責善)은 朋友 관계에서나 가능한 것이며 父子之間에는 恩義를 해치므로 다투지 않는다.

夫子之設科(往者, 來者) 7下30 가르치는 과목은 가는 사람 잡지 않고, 오는 사람 거절하지 않는 데 따른 것이다.

尙友(尙論古之人) 5下8 정신적인 交友는 時空, 즉 시대(시간)와 지역(거리)을 초월할 수 있다.

易子敎之 4上18 父子關係는 責善(선한 기준을 가지고 서로 다툼)할 수 없고 해서는 안되는 관계이므로 예로부터 자식은 서로 바꿔 가르쳤다.

子道 5上2 舜의 취처처럼 孝를 위해 權道로 不孝도 한다.

諸侯公子 交際 5下4 道로써 사귀고 禮로써 接하는 것은 孔子도 받았다. 교제는 공경의 기초가 된다. 존귀한 사람이 내려주는 물건이 의롭게 취한 것인지 여부를 가려 받는 것은 不恭이다.

尊賢 5下3 아랫사람이 윗사람을 존경하는 것은 귀한 사람을 귀히 대하는 것이고 윗사람이 아랫사람을 존경하는 것을 尊賢이라 한다. 그 뜻은 같다.

5上3 어진 사람은 동생에게 분노를 감추지 않고 원한을 묵혀 두지 않는다. 당연히 천자인 형과 친하면 貴하게 되고, 천자가 사랑하므로 富하게 된다.

君

君道 4上2　道는 仁과 不仁 두 가지일 뿐이다. 일단 幽(유. 암매한 임금)나 厲(여. 포악한 임금) 같다고 일컬어지면 대대손손 자애로워도 그 이름을 고치지 못한다.

君仁莫不仁, 義, 正 4上20　國君이 인자하면 모두 인자해지고, 義로우면 모두 義로워지고 바르면 모두 바르게 된다. 국군을 올바르게 하는 일은 큰 덕을 지닌 사람만이 할 수 있다.

4下5　위(4上20)의 후반부와 같음.

君臣關係 4下3　임금이 신하를 手足처럼 보면 신하는 임금을 자기 몸처럼 생각하고 犬馬처럼 대하면 신하는 임금을 일반 사람으로 보고 신하를 土芥처럼 보면 신하는 임금을 원수처럼 본다.

恭君, 敬君, 賊君 4上1　임금에게 어려운 일 못하는 것을 責하는 것이 임금에게 공손한 것이고, 善을 넓히고 邪를 막는 것이 임금을 공경하는 것이고, 임금의 善을 넓히지 못하는 신하를 임금의 적(賊君)이라 한다.

未有義而後其君 1上1 어진 사람으로 어버이를 버린 자가 없고, 의로운 사람으로 자기네 임금의 일을 뒤로 하는 사람은 없다. 仁과 義가 모든 폐단을 없애는 기초가 된다.

賢君 3上3 賢君은 恭儉하고 아랫사람을 예로 대우하고 세금을 규정에 따라 거둔다. 財富를 탐하는 것은 仁을 멀리하게 하고 仁慈하게 살면 부유하기 어렵다.

君子

더 큰일이 어디 있는가?

不亮(重信) 6下12 君子가 신용을 잃으면 의지할 데가 없다.

不怨天, 不尤人 2下13 周나라가 亡하고 春秋時代를 지나 당시는 戰國時代도 半 넘어 지난 때였다. 하늘이 이 시기(孟子 생존 시)에 아직 천하를 평화롭게 다스리려 하지 않으니 天命을 아는 孟子는 제자들에게 하늘을 원망하지도 사람을 탓하지도 않는다고 했다.

不由, 隘與不恭 2上9 伯夷와 柳下惠는 임금 섬김에 극단을 취했다. 伯夷는 임금답지 않으면 섬기지 않았다. 柳下惠는 더러운 임금이라도 부끄럽게 여기지 않고 섬겼다. 伯夷는 편협하고 柳下惠의 섬김은 不恭한 것이다. 君子는 中道를 취한다.

事親 6下3 어버이의 허물이 큰 경우 자식이 원망하지 않으면 부모와 소원해지는 것이며, 허물이 적은 것도 원망하면 자식이 지나침을 경계하지 못한 것이다. 둘 다 불효에 속한다.

庶民 比較 4下19 인간은 仁義에 따라 행동하므로 禽獸와 다르다. 君子는 이것을 파악하고 행동하나 서민은 그렇지 못하다.

所欲, 樂, 性 7上21 君子는 仁義禮智 四德을 본성으로 지닌다.

與人爲善 2上8 子路는 남이 그의 잘못을 일러주면 좋아했고, 禹임금은 좋은 말(善言)을 들으면 바로 절을 했다. 舜은 더 나아가 남과 더불어 善을 행했다.

恥之 4下18 君子는 명성이 실제보다 지나치는 것을 부끄러워한다. 孔子는 근본이 있고 모든 곳이 차야 나아가는 물의 덕을 칭송했다.

特徵 4下28 君子는 늘 仁을 마음에 품고 있어 남을 사랑한다. 禮를 갖추어 남을 공경한다. 君子는 仁이 아니면 하지 않고, 禮가 아니면 실행하지 않는다.

難爲水, 難爲言 7上24 큰 물(예: 바다)을 본 사람은 작은 물을 장대하다고 표현하기 어렵다. 성인과 가까이 지내 그 큰 덕을 아는 사람은 남을 평가하기 어려워한다.

能貴, 能賤 6上17 사람마다 貴한 것을 원하나 그것을 지니고도 생각해내지 못한다. 사람들이 고귀하다고 생각하는 것은 최상의 고귀한 것이 아니다. 仁과 義에 배불러 있으면 남의 고량진미를 바라지 않는다.

獨樂 1下1 백성과 더불어 즐겨야 왕 노릇을 할 수 있다. 왕 혼자서 즐기면 왕 노릇을 할 수 없게 된다.

與民偕樂 위 '獨樂' 參照.

大人

大人(過人) 7上11 뛰어난 식견도 없이 부유하게 된 것을 스스로 불만족하게 여긴다면, 즉 부귀에 연연하지 않는다면 대인이다. 부귀와 인격을 별개로 봐야 한다(대인이란 표현은 四書 중 주로 〈孟子〉에 나온다. 士, 君子, 大德, 聖人 등과 명확한 구별이 어렵다).

4上20 小人은 상대하여 攻駁할 게 없고 소인이 집정할 경우 일일이 비난할 게 못 된다. 큰 덕이 있는 대인만이 國君 마음속의 그릇됨을 바로잡을 수 있다. 근본을 바로잡으면 모두 바로잡힌다.

4下12 赤子之心. 어린아이 같은 純眞, 無垢, 無僞의 마음을 잃지 않는다 함은 그 마음을 지녀야 大人이 되고 백성의 마음을 얻는다는 것이다.

7下25 孟子는 품격에 따라 인간을 6단계로 구별하고 있다. 善人은 가까이하고 싶은 사람, 信人은 선한 덕성을 지닌 사람이다. 美人은 善과 信이 충만한 사람이며, 大人은

선과 신이 충만하여 빛나는 사람이다. 그리고 聖人은 대인같이 위대하면서 남을 감화시키는 사람, 神人은 성인으로서 알아볼 수 없는 사람이다.

之事 7上33 '福祉, 人口'편의 '士何事' 參照.

(說)大人 7下34 大人(諸侯 등)을 誘說할 때 물질적 풍요함(住居, 飮食, 車馬, 從人 數)에 기죽지 않고 오직 도덕적 우월성으로 堂堂하게 한다.

大人:小人 6上14 몸에도 귀한 부분이 있고 덜 귀한 부분이 있고 큰 부분과 작은 부분이 있듯이 작은 부분을 위해 큰 부분을 해쳐서는 안 된다. 일에도 작은 부분을 기르는 자는 小人이 되고 큰 부분을 기르는 자는 대인이 된다.

6上15 大體를 따르느냐 小體를 따르느냐 하는 구분은 사리분별 가능성 여부에 달려 있다. 생각하지 않으면 사리분별을 할 수 없다. 그 기준이 사람에 따라 다르겠으나 분별하여 먼저 대체를 세워 따르는 사람이 大人이 된다.

大人弗爲 4下6 대인은 禮 같으나 기실 아닌 것(虛飾), 義 같으나 기실 아닌 것(임시방편)을 하지 않는다. 남 보기 좋게 마지못해 하는 것을 말한다.

言不, 行不 4下11 大人은 말했다 해도 義가 아니면 무리하게 신용을 지키지 않는다. 行하는 중에도 그것이 원래 취지에 어긋날 경우 중단한다.

람 없는 삶을 유지하나, 德을 추구하는 사람은 邪惡한 세상도 그를 흔들지 못한다.

道, 其揆一也 4下1　法度는 時空을 超越하여 같은 것이다. 舜은 東夷族 출신이며 周文王은 西夷族 출신으로 千年의 時差가 있고 지리적 거리도 크지만 그들의 法度는 같은 것이었다.

(人之)道 7上17　자기가 하고 싶지 않은 일은 남에게 시키거나 원하도록 하지 않는 것(己所不欲, 不爲)이다.

(以)道救天下 4上17　남녀가 손을 잡지 않는 것이 예의다. 그러나 손으로 구할 수밖에 없는 상황에서 손을 잡는 것은 한 방편, 즉 權道를 쓴 것이다. 천하가 물에 빠져 있으면 손으로 구할 수 없으니 道 이외에는 쓸 방편이 없다.

道는 人과 仁 7下16　仁은 사람 노릇을 하는 것을 말한다. 仁과 人의 합이 도가 된다.

道一而已矣 3上1　道는 하나뿐이다. 보람 있고자 하면 누구나 道에 도달한다.

道在邇, 事在易 4上11　道는 가까운 데 있고 일은 쉬운 데 있는데 사람들은 그것을 먼 데서 어려운 데서 찾는다. 道는 親親과 長長을 지키는 것이며 孝悌(弟)는 天下 平의 充分條件이다.

徒餔啜也 4上25　道를 배워 벼슬살이하며 오직 먹고 마

去利 6下4 전쟁 중인 나라에서 이익을 도모하지 않고 仁과 義의 중요성을 가지고 和戰하고 나아가 天下를 경영한다.

利與善 7上25 계속 利만을 추구하면 盜蹠의 무리가 되고, 꾸준히 善을 추구하면 舜임금의 무리가 된다.

(周於)利者 7下10 '大人'편의 '(周於)德者' 參照.

萬物(五倫)皆於我 7上4 모든 사물의 이치를 내가 갖추고 있어 내 하기에 달려 있다. 반성하고 성실하면 비할 데 없는 즐거움이 따르고, 용서하는 데 힘쓰면 仁에 가까워진 것이다.

明堂 1下5 王道에 따른 정치를 하려는 황제(天子)는 제후를 巡狩하기 위해 세운 明堂은 보존해도 된다.

(好)名之人見於色 7下11 명예를 중하게 여기는 사람은 때로는 큰 富貴도 사양하나, 진심이 아니면 세인을 속이고 명예를 훔치는 사람이므로 적은 利에도 흔들린다.

名分論 誅一夫 1下8 신하가 弑君함은 도리가 아니다. 殷의 湯王(탕왕)이 夏의 桀, 周의 武王이 殷의 紂를 내치고 벌한 것은 그들을 仁義를 해치는 匹夫로 대한 것이다.

(莫非)命也 7上2 모든 결과는 命(天命)이다. 道를 다하고 죽는 사람은 正命(行善得善) 또는 受命이라 한다. 桎梏에 빠져(형벌 등) 죽는 것은 非正命이라 하며 이에는 遭命(行善得惡), 隨命(行惡得惡) 등이 있다.

民意, 民主主義

謀於燕衆 **1下11** 강대국은 약소국의 民意를 반영해야 약소국을 정벌함이 받아들여지고 정당화된다.

民心貴於民財 **7上14** 善政은 백성이 따라 세금을 잘 내지만 善敎는 백성의 마음을 얻는다. 그러므로 선정은 선교만 못하다.

民爲貴, 君爲輕 **7下14** 백성은 나라의 기본이다. 백성이 바라는 제후는 天子가 되고 천자의 마음에 들면 諸侯가 되고, 제후의 마음에 들면 大夫가 된다.

反求諸己 **2上7** 仁을 실천하고자 해도 본의 아니게 不仁한 일을 저지를 수도 있다. 不仁, 無義, 無禮, 無智한 처지에서도 스스로 반성하여 仁을 찾는 데 힘쓴다. 仁은 하늘의 尊爵이요 인간의 安宅이기 때문이다.

4上4 愛人不親, 治人不治, 禮人不答. 모두 자기의 仁, 智, 敬을 되돌아보고 옳게 행동하면 天下가 귀순해 온다.

發政施仁(內容) **1上7** 保民에는 王政(임금다운 정치)이 기

의 사랑을 잊지 말고, 꾸짖거나 미워해도 원망하지 않고, 계속 노력하는 것을 大孝라 한다.

不虞之譽 **4上21** 뜻하지 않게 얻는 명예(求全之毁)도 있다. 행실을 온전히 하다가 비방을 당하는 수도 있다. 이들은 탓할 게 못 된다.

不遠千里 **1上1** 千里를 마다 않고 찾아준 孟子에게 梁惠王은 자기 나라가 갖게 될 이익을 물으니 孟子는 上下가 모두 利만을 추구하면 나라가 위태하게 된다 하고 仁과 義가 있을 뿐임을 강조한다.

(得志)弗爲 **7下34** 大人을 대할 때 그의 富貴나 위세를 보지 않고(기죽지 말고) 뜻을 이루어도 속세의 부나 귀를 위해 일하지 않는다.

不爲: 不能 **1上7** 泰山을 끼고 北海를 뛰어넘는 일은 할 수 없는(不能) 일이다. 그러나 연장자를 위해 부축해 드리는 것은 안 하는(不爲) 것이지 할 수 없는(不能) 것이 아니다. 霸道를 버리고 王道를 실행하는 것도 안 하는 것이다.

7下31 仁과 義도 안 하는 것이지 할 수 없는 것이 아니다.

不爲臣, 不見 **3下7** 신하가 될 마음이 있어야 제후를 만난다. 君子는 아첨하는 것이 가장 어렵다(못 할 일이다). 君子는 正氣를 기른다.

不忍之心 **1上7** 王政의 기초. 위의 '發政施仁' 參照. '福

祉, 人口' 편의 '四端論' 參照.

弗思 6上13 누구나 두 손안에 드는 오동나무 기르는 법은 잘 알면서 자신을 수양하는 방법은 잘 모른다. 수양법을 모르는 정도가 심하다.

不知類(推) 6上12 사람들은 몸의 작은 不具를 고치기 위해서는 千里를 머다 않고 가지만 마음의 불구(옳은 사람이 되지 못하는 것)는 고치려 하지 않는다.

不知務 7上46 힘써야 할 일에 先後가 있다. 仁者는 賢者 가까이 하기를 서둘러야 한다. 三年喪을 지키지 못하면서 緦麻(3개월 복)나 小功(5개월 복)을 먼저 살핀다.

禪位 5上5 讓位. 民意는 天意이므로 하늘의 뜻은 민의를 대변한다. 양위의 대상이 행한 행실과 공적을 가지고 그 뜻을 알게 해준다.

左右皆曰不可 1下7 좌우(측근)에 의지하지 않고 민의를 반영해야 한다. 모든 신하가 그렇다, 또는 그렇지 않다 해도 따르지 않고 백성(國人)의 뜻을 잘 살핀 연후에 실행한다.

方法論

基本假定(演繹, 歸納) 4下26 智論. 인간의 본성에 대한 논의는 孟子 당시 다양했다. 性에 대한 논의는 옛것을 따를 뿐이다. 옛것은 순리(利)를 말한다. 智 이해의 결점은 그 잘못된 穿鑿에 있다. 하늘과 별은 높고 멀지만 그 연고를 밝히면 추리가 가능하다. 옛것(思辨이 아닌 사실)이 천 년간 변화한 것을 이용했음을 강조한 것이다.

分析과 綜合 4下15 널리 배우고 자세히 풀이하며 다시 돌아가 요약한다.

事實根據 4下17 사실에 근거하지 않으면 詳細할 수 없다. 상세하지 못하면 실제 내용을 왜곡하기 쉽다. 여기서는 賢者를 가리고 否定하게 만든다고 한다. 현자란 실제 내용을 밝힌 학자를 말한다.

循環論 7下38 孟子는 循環論의 일종인 '五百年週期說'을 주장했다. 堯舜부터 殷(商[상])의 湯까지 오백 년, 禹는 堯舜을 보고 알았으며 湯은 요순의 치적을 듣고 알았다.

湯부터 周文王까지 오백 년, 伊尹 등은 보고 알았고 文王은 듣고 알았다. 文王부터 孔子까지 오백 년, 太公望(태공망)은 보고 알았고 孔子는 듣고 알았다. 孔子 후 이백 년이 지났고 보고 알았던 사람이 없으니 孟子는 先大王들의 치적을 재현할 사람은 자기 빼고 없다(捨我其誰)고 주장했다.

楊, 墨, 子莫 批判 **7上26** 孟子는 楊子(양자)의 爲我主義, 墨子(묵자)의 兼愛主義 둘 다 양극단을 취한다고 비판했는데, 子莫(자막)은 중간을 취하여 이 또한 한 부분을 취한 데 불과하다고 했다. 時空에 따른 변화를 고려하지 않는 것은 擧一面廢百한다고 비판했다.

7下26 다른 학설을 주장하는 소위 異端者를 엄하게 다루되, 다시 돌아옴에 대해 관대할 필요가 있다. 우리에 들어온 돼지의 발까지 묶을 필요는 없다.

自得(heuristic) **4下14** 자연히 체득(自得)하면 안정되고 안정되면 깊이가 있게 된다. 깊이가 있으면 근원을 알게 된다. 그러므로 君子는 자득을 선호한다.

6下16 가르치지 않는 것도 가르침의 한 가지 방법(教亦多術)이다. 오는 것을 거절하는 것도 포함된다.

7下5 梓匠(큰 장인)은 規矩는 줄 수 있어도 좋은 기술 傳授가 어렵다. 즉, 기본 학문은 가르칠 수 있으나 人格修養은 각자 노력에 달려 있다.

皮相的 判斷 7下22 禹의 음악이 周文王의 음악보다 훌륭하다고 한 이유가 좀먹은 쇠북 꼭지를 보고 한 평가였던지라, 孟子는 피상적 판단의 위험함을 경계했다.

學者의 자세 6上20 학자는 학문하는 자세(객관적)를 갖추어야 하고 바른 도구(規矩)를 이용해야 한다. 규구는 자나 저울 같은 것을 말하고 이에는 자세(객관적, 편향된 특수집단의 윤리 배제)를 포함한다.

環境決定論 7上36 孟子는 齊나라에 가서 제왕 아들의 인물과 기풍을 보고 훌륭한 환경이 사람을 만든다고 감탄했다. 齊는 지금의 山東 지방으로, 東夷族의 나라로 알려져 있다. 현대에 와서도 산동 사람들은 평균 신장이 다른 지역에 비해 크고 언어도 다른 언어와 구별된다.

福祉, 人口

敬老 4上13　敬老는 천하의 노인들을 오게 한다. 그 자녀들도 따라오게 된다. 紂가 망하고 周文王 시기 伯夷와 姜太公(강태공)의 예를 들고 있다. 경로는 王天下 조건 가운데 하나.

明乎善 4上12　성실함(誠)은 하늘의 道이며 성실해지려는 것(思誠-反省)은 사람의 道이다. 思誠해야 선을 밝힐 수 있고(明乎善), 벗의 신임을 얻고, 부모가 그(자녀)의 섬김을 기뻐하게 되고, 윗사람에게 신임을 얻고, 궁극에는 백성을 다스릴 수 있게 된다.

發政施仁 1下5　'民意, 民主主義' 편의 '發政施仁' 參照.

不孝有三 無後爲大 4上26　孟子는 불효의 세 가지를 첫째, 무조건 복종하고 지지하여 부모를 不義에 빠지게 하는 것, 둘째, 부모가 늙고 가난함에도 돈벌이를 하지 않는 것, 셋째, 혼인하지 않고 아들이 없어 제사를 끊기게 하는 것이라 하고 셋째가 가장 큰 불효라 했다.

(威德之)士 5上4 덕이 있는 舜이 堯의 禪讓을 받아 天子가 되어 堯와 舜이 상대방을 대한 것(君不得而臣), 그리고 舜이 그 악명 높은 아버지를 대한(父不得而子) 것을 가지고 孟子가 그 제자와 論한 것이다.

士(言餂, 不言餂) 7下31 선비가 말을 해야 할 경우 하지 않는 것과 하지 않아야 할 경우 두 가지 모두 자기의 名利를 위해 하는 경우 명리를 핥는(餂) 짓이라 했다. 이것은 벽을 뚫거나 담을 넘어 남의 재물을 취하는 것과 다를 바 없다고 했다.

士, 獨善, 兼善 7上9 士는 遊說함에 尊德樂義하여 泰然(囂囂)해야 한다. 士는 목표를 이루어도 의를 잃지 않고 성공해도 道를 지킨다. 뜻을 얻으면 백성에게 恩澤을 베풀고 아니면 修身으로 모범을 보인다. 이처럼 得志엔 천하와 같이 善을 행하고 不得志엔 혼자 선을 행한다.

(勇)士, 不忘喪其元 3下1, 5下7 勇士(武人 포함)은 항시 목숨을 바칠 각오로 전쟁이나 나라 지킴에 임한다.

(志)士, 不忘在溝壑 3下1, 5下7 뜻있는 선비는 죽어 棺槨도 없이 시신이 도랑에 버려질 것을 각오하고 옳은 일에 임한다.

四境之內不治 1下6 왕에게 "친구에게 처자를 맡겼다 돌아와 보니 얼고 굶주려 있다면 어찌해야 하는가?" 하니

지 못한다면 생을 버리고 의를 취해야 한다.

思誠…治民 4上12 明善-思誠-說親-信於友-獲於上-治民 善을 밝히면 자신을 성실하게 하고 부모를 즐겁게 해드리고 친구들의 신임을 얻어 윗사람의 신임을 얻으면 백성을 다스리게 된다.

私淑諸人 4下22 君子의 은택은 5세대(150년)면 끝나고 소인의 은택도 같다. 孟子는 孔子의 제자가 되지 못한 것을 크게 아쉬워했다. 그래서 孟子는 孔子를 私淑할 수밖에 없었다.

仕와 貧 5下5 가난을 해결하기 위해 벼슬할 때는 낮은 지위를 취하고 높은 지위는 사양한다. 왜냐하면 조정의 높은 자리에 있으면서 올바른 정치를 실행하지 못한다면 부끄러운 일이기 때문이다.

仕而不祿 2下14 아래 '仕之道' 항목 중 후자의 경우를 말한다.

師弟之道 4下24 逢蒙(방몽)의 예를 들어 자기 스승을 가르친 스승을 해치지 않는 사제의 도를 설명하고 있다.

士憎玆多口 7下19 선비는 남을 중상하는 말을 많이 하는 것을 증오한다. 周文王과 孔子는 남의 입에 오르내려도 근심이나 걱정하지 않고 자기 할 일을 못하지 않았다.

仕之道 6下14 所就三 所去三. 벼슬살이 하는 경우와 물

兄을 죽이게 되므로 自殺행위와 큰 차이가 없다.

三過其門不入(禹, 稷) 4下29 禹, 稷, 顏回의 道와 정신은 같다. 즉 자기 직무에 충실한 것이다. 禹는 백성이 물에 빠지면 자기가 빠진 것처럼 생각하고 稷은 백성이 굶으면 자기가 굶는 것처럼 생각했다. 顏回는 貧寒을 즐기며 때가 아니면 행하지 않았다.

三年喪 3上2 부모에 대한 奉養禮, 葬禮, 祭禮는 가장 크고 중요한 일이며, 葬禮의 哀慟은 孝의 중심이 되는 행위다.

三禮(臣下推薦) 4下3 신하가 간한 것을 잘 행하고, 부득이 떠나게 되면 사람을 시켜 잘 인도하여 보내고, 도착하기 전에 잘 주선해 주고, 그의 토지는 3년이 지나야 회수한다(三禮). 이 경우 신하는 군주가 돌아가면 服을 입는다.

喪期, 三年과 期年 7上39 부모 3년 복상을 1년으로 단축하는 것은 복을 입지 않는 것보다는 낫지만 三年喪으로 자녀의 도리를 다하는 것만 못하다.

傷論(廉, 惠, 勇) 4下23 받지 않아도 되는 것을 받으면 廉을 害(傷)하고, 주지 않아도 되는데 주면 은혜(惠)를 해치고, 죽을 만하지 않은 경우에 죽으면 勇을 상한다.

喪事: 不能三年之喪 7上46 父母喪인 三年喪도 지키지 못하며 3개월(緦麻), 5개월(小功) 服 입는 것의 여부를 논하

善政(要諦) 3下6 善政은 혼자 또는 몇 사람이 수행하기 어려우나 유능한 인재가 많을수록 가능성이 높아진다.

聲聞過情 4下18 알려진 名聲과 실제 학문과 덕성이 다른 것을 알게 되면 君子는 이를 부끄럽게(恥) 여겨야 한다.

城門軌兩馬之力與 7下22 표면적인 한두 가지의 表象만을 가지고 우열을 비교하여 단정하는 것을 경계해야 한다.

聖人 4上2 規矩는 원이나 모꼴(方形)의 가장 적합한 표준이고 성인은 人間事의 표준이다. 임금다운 임금이 되려면 君道(표준)를 다해야 하고 신하다운 신하가 되려면 臣道(표준)를 다해야 한다.

5上7(堯, 舜, 伊尹) 성인의 행동은 각기 다르고 특색이 있다. 예로 伊尹은 湯(殷 건국 임금)의 백성을 요순의 백성과 같이 만들기 위해 탕을 돕는다.

5下1(四聖의 특색) 伯夷는 맞지 않으면 하지 않는 맑은 성인(聖之淸也)이고, 伊尹은 사명을 받으면 책임감을 갖고 실행한 성인(聖之任也)이고, 柳下惠는 온화한 기질의 성인이었으며(聖之和也), 孔子는 때를 알아서 처리해 나간 성인이었다(聖之時也).

聖人 百世之師 7下15 성인은 百世 후에도 그 행적을 듣고 感化된다. 伯夷는 頑惡한 자를 청렴하게 하고, 겁 많은

모를 섬기는 것이 섬김 중 가장 중대하지만 자기를 지키지 못하고 부모를 잘 섬긴 예는 없다.

順天者, 逆天者 4上7　仁政은 대적할 상대가 없다. 나라에 도가 서 있으면 덕이 있고 유능한 사람이 그렇지 못한 사람을 부리지만, 나라에 도가 서 있지 않으면 약한 사람이나 작은 나라가 강한 사람이나 큰 나라의 부림을 당한다. 이것이 天心이다.

矢人, (函)人 2上7　화살 만드는 사람은 사람이 상하지 않을까 걱정하고, 갑옷 만드는 사람은 사람이 상할까 걱정한다. 이것은 부끄러워할 일이 아니다. 다만 사람은 신중해야 할 뿐이다. 不仁, 無義, 無禮, 無智로는 남의 부림을 받는다.

是日害喪 1上2　湯(殷)이 夏의 桀을 정벌할 때의 宣言한 내용인 〈湯書(탕서)〉에 백성들이 이 나라(夏)가 언제 망하나(害傷) 하며 망하기만을 기다렸던 것은 천자가 백성과 고락을 같이하지 않았기 때문이었다.

始作俑者 1上4　葬禮 지냄에 나무사람(俑)을 같이 무덤에 묻는 관행을 不仁이라 본 孔子는 처음 俑을 만든 사람은 그 후손이 없을 것이라 했다.

食志乎, 食功乎 3下4　賢士에 대한 祿은 장차 할 일(目的)에 대해 주는 경우도 있고, 한 일(結果)에 대해 주는 경

에는 눈이 멀면(따르지 않으면), 이것은 本心(본래의 양심)을 잃은 행위이다.

養老 7上22 五十엔 비단 아니면 따듯하지 않고 七十엔 고기 아니면 배부르지 않다고 했다. 얼고 굶주리는 노인이 없는 나라에 天下의 仁人들이 귀순하고 天下를 얻고 왕 노릇 하게 된다.

養生과 喪(送)死 4下13 부모에게 살아서 봉양하는 것보다 서거하여 장례 지내는 일이 더 큰일이라 했다.

與百姓好貨好色 1下5 백성을 도외시하고 財貨와 色을 즐기면 훌륭한 왕 노릇 하기 어려우나 백성과 더불어 하면 무리가 없다.

年老(頒白)者不負戴 1上3 農時를 어기지 않게 도와주면 늙은이들이 길에서 이고 지는 일이 없어진다.

五十者可以衣帛 1上3, 7上22 孟子는 고령자의 의복 해결을 위해 뽕나무 심기를 권장했다.

王政의 于先 對象 1下5 四窮民으로 鰥(홀아비), 寡婦, 獨(혼자된 노인), 孤(어린 고아)를 꼽는다. 이들은 어려워도 호소할 데가 없다. 周文王이 베푼 發政施仁은 이들을 우선 돌보는 일이었다.

移其民 1上3 梁惠王이 흉년이 든 지역의 백성을 다른 지역으로 옮기는 등 힘을 다해 백성을 위한 정치를 하고 있으나 자기 나라 백성은 증가하지 않고 이웃나라 백성의 수도 줄지 않는 이유를 묻자 孟子는 전쟁에서 五十步 후퇴한 것과 百步 후퇴한 것을 예로 들어 둘 다 善政에 나가지 못했음을 비유로 설명하고 있다.

以善服人, 以善養人 4下16 善으로써 남을 굴복시킨 사람은 없다. 선으로 남을 기른(교육) 연후에 천하가 복종하게 한다. 천하가 心服하지 않고 王天下(왕이 되어 천하를 심복하게 하여 다스리는 것)를 할 수 없다.

(爲)人臣(伊尹) 7上31 伊尹은 湯을 도와 殷을 세운 忠臣이다. 伊尹과 같은 忠志가 있으면 어질지 못한 임금을 내칠 수도, 어진 이를 다시 復位시킬 수도 있다. 公明正大는 萬古의 통치기본이다.

從善改非 3下8 불합리한 稅收를 줄이고 1년 후부터 폐지한다는 것은 마치 옆집 닭을 이달에 한 번만 훔치고 내년부터 훔치지 않겠다는 것과 같으므로 잘못된 정책의 개선은 빠를수록 좋다.

好善優於天下 6下13 爲政의 要諦는 善政이다. 강한 신념, 분별력, 博識 등보다 뛰어나다. 善政은 千里 밖의 백성들도 찾아오게 한다.

後喪踰前喪 1下16 가난할 때의 상례보다 여유로울 때 厚喪을 지내는 것은 지나친 것이 아니다.

性論

去仁義 6下4 國君이 仁을 좋아하면 天下無敵이 된다. 周武王이 殷을 征한 것은 征伐한 것이 아니고 바로잡은(正) 것이다.

求仁 7上4 사물의 이치는 각 개인에게 갖춰져 있다. 반성하고 성실하여 즐거움을 얻고, 노력하며 용서하는 마음으로 일을 해나가는 것이 仁을 구하는 가장 가까운 길이다.

樂天 1下3 큰 나라가 작은 나라를 섬기는 것은 殷의 湯이나 周의 文王 같은 聖王들의 인자함과 지혜로움으로 가능한 것이다. 이것이 하늘의 뜻을 즐기는 것이다. 반대로 소국이 대국을 섬김은 하늘의 뜻을 두려워(畏天)하기 때문이다.

大仁, 熟仁 6上19 仁을 五穀에 비유하여 곡식(쌀, 보리, 등)이 익지 않으면 피(雜草)만도 못하다. 仁 또한 끝마무리가 안되면 아름답지 못하다.

누구나 같다고 본다. 입맛, 음악, 아름다움 등이 그렇다. 마음(本性)도 같다.

仁義保存 6上8(養, 不養의 차이) 사람의 마음에 仁과 義는 보존되고 있으나 매일 매일 기르지 않고 꺾어 버리기에 없는 것처럼 보인다. 잡으면 남고, 버리면 없어지는 것과 같다.

性善維持 6上9 善한 마음을 가진 사람들이 많지 않기에 그것이 가려져 良心을 잃게 된다. 全力을 다하여 양심 지키기에 열중하는 것, 즉 小人을 물리치고 賢人을 가까이하는 것이 性善을 유지하는 길이다.

普遍性 6上10 인간에게 羞惡之心은 보편적이지만 기실 경우에 따라 선택의 문제가 된다. 상어 지느러미와 곰 발바닥, 生과 死, 義와 不義 등은 선택의 문제가 되므로 잠시라도 省察을 게을리하면 안 된다.

不以仁政 不能治天下 4上1 仁이란 政治思想으로 무장하지 않으면, 즉 堯舜, 夏·殷·周의 성왕들을 본받지 않으면 善을 행해도 마음만 선한 것이(徒善) 되고 법이 있어도 그저 법일 뿐(徒法) 따르지 않는다.

不以天下儉其親 2下7(厚喪) 君子는 親喪(父母喪)을 당하여 천하를 위해 재물을 아끼지 않는다. 孝는 생전에는 禮로 섬기고(事之以禮), 돌아가시면 喪禮를 다하는 것이다(葬之以禮).

性 **7下24** 仁義禮智, 天道 등을 天命이라 하지만 인간의 본성이 개재되므로 君子는 이들을 天命이라 하지 않는다.

性論 **4下26** 孟子 외에도 인간의 本性이 선함을 주장한 학자들이 있었다. 孟子는 경험에 의해 순리로 따지면 본성 본연의 모습이 나오고, 본성을 利로 따지면 무리한 주장이 되어 본성이 선함을 공격하게 된다고 한다.

(人)性論 **6上1** 孟子는 人性이 자연스럽게 나오면 仁義가 발휘된다고 한다. 그러나 告子(고자)는 인성을 변화(歪曲)시켜 생기는 것이 仁義라 했다.

6上2 人性을 물에 비유한다면 告子는 물이 터주는 데 따라 외부 힘에 의해 左右上下로 조절할 수 있다고 한다. 孟子는 물의 본성은 위에서 아래로 흐르는 것이다. 좌우상하로 흐르게 한다는 것은 외부의 힘에 의한 것이지 물의 본성이 아니다.

6上3 性論의 출발점. 생긴 대로인 것을 性(生之謂性)이라 한다면 生과 性은 같은 것이 된다. 이것은 아니다. 生이 동물적인 本能이라면 인간의 性은 인간에겐 보편적이나 동물에게는 없는 形而上學的인 것이다.

6上4 孟子는 仁義가 인간 본성에 內在한다고 주장한다. 그러나 告子는 仁은 내재하지만 義는 外的인 것이라 한다.

6上5, 6上6 仁義를 포함하는 四端(仁義禮智) 모두 내재

적인 것이다. 또한 이들은 고유한 것이며 마음대로 형태를 바꿀 수 있는 것이 아니다. 다만 인간이 구하면 얻고 버려두면 잃는 것이다.

性善 3上1　道는 하나다. 노력하여 성현의 경지에 이르러야 名君이 된다. 그 기초는 인간의 본성이 선하다는 것이다.

性差別 3下2　妾婦之道. 大丈夫의 조건을 설명하며 婦女子의 道는 順從에 있고 여자는 出嫁하여 恭敬, 小心(조심)하고 남편의 뜻을 받드는 것을 제일 큰 德目으로 삼는다.

小義 大義 7上34　일에 경중이 있듯이 행실에도 대소가 있다. 사소한 일에 淸廉潔白을 지키는 것(小義)은 취할 바가 아니다. 大義를 지키며 소의를 망각하는 것은 큰 문제가 되지 않는다.

循環論 7下38　孟子는 오백 년을 주기로 聖君(들)이 나와 王道政治, 즉 모범적 정치를 실행한다고 주장했다. 堯舜을 보고 배운(見而知之) 禹는 夏를 세우고, 약 오백 년 후 湯은 禹의 정치를 듣고 배워(聞而知之) 실천하여 殷을 세우고, 오백여 년 지나 孔子는 周文王의 정치를 듣고 배웠으나 실천하지 못하고 그 뒤 백여 년이 지났음을 탄식하고, 자신의 역할이 있었어야 함을 암시하고 있다.

食事禮節 7上46　時急한 일부터 하고 그렇지 않은 일은 미루거나 안 해도 된다. 예를 들어 밥을 퍼먹고 국물 들이키는 일은 지적하지 않고, 그보다 덜 중요한 음식 끊어 먹는 것을 먼저 지적하는 것을 예로 들고 있다.

惡政의 結果 1下12 흉년에 노약자는 죽어 나가고 장정들은 사방으로 떠나도 有司(벼슬아치)들은 창고의 곡식이 가득한 것을 임금에게 말하지 않고 윗사람은 태만하고 아랫사람을 잔인하게 대하게 된다.

惡政의 種類 1下4 배 타고 놀며(流), 돌아가기를 잊고(連), 짐승 따라 다니기를 계속하고(荒), 술을 좋아하고 계속 싫증내지 않는 것(亡), 네 가지를 말한다.

良能, 良知 7上15 배우지 않고서도 잘하는 능력을 良能이라 하고 생각하지 않고서도 잘 아는 것을 良知라고 한다. 어버이에 대한 사랑(받드는 것)이 仁이요, 兄(年長者)을 공경하는 것을 義라 할 수 있다. 이 같은 親親長長을 천하에 널리 적용시키는 것이 이상적 목표이다.

養生喪死 1上3 孟子는 산 사람을 먹여 살리고 죽은 사람을 유감없이 장사 지내 주는 것을 王道의 시작이라 했다(구체적으로 농·림·어업의 방법도 제시한다.).

良臣, 民賊 6下9 지금(당시)의 良臣은 군주를 부유하게 만드는 신하들을 지칭하며 이들은 백성의 賊이 되어 있다. 良臣이란 자들은 外交的 노력으로 협동하여 전쟁을 일으키고 있다. 설사 전쟁에 이긴다 해도 이들은 民賊일 뿐 나라를 오래 지속시키지 못한다.

養勇 (比較) 2上2 不動心은 진정한 용기에서 나온다. 孟子의 不動心은 孔子의 四十不惑과 견주는 마음공부의 기본이 되는 것이다.

於己取之而已矣 6上14 모든 것은 자기가 결정하는 것이다. 몸에도 귀한 부분과 덜 귀한 부분이 있다. 마음을 기르는 것이 몸의 일부를 보양하는 것보다 더 귀하다.

魚與熊掌 6上10 상어 지느러미와 곰의 발바닥 중 택일하라면 당연히 곰 발바닥을 택할 것이다. 生과 死를 선택하라면 누구나 생을 택할 것이다. 그러나 生이 의롭지 못하면 死를 취해야 한다. 인간에 공통으로 內在한 四端의 하나인 羞惡之心이 있기 때문이다.

言無實 4下17 사실이 뒷받침되지 않는 말은 현량한 것을 가린다(덮는다).

言人之不善 4下9 남의 不善을 말하면 반드시 그에 따른 後患이 있게 된다.

言責 2下5 벼슬자리를 지킬 수 없으면 물러나고, 말이 받아들여지지 않으면 책임지는 자리에서 물러난다.

與民同樂 1上2 先王(周文王)의 예(백성들이 자발적으로 왕을 즐겁게 하기 위해 적극적으로 연못과 立臺를 지은)를 들어 어진 연후에 즐길 수 있고 그렇지 못한 왕은 즐길 수 없다고 한다.

1下1 음악을 즐기되 왕 혼자 즐기지 않고 백성과 더불어 즐길 때 나라가 잘되어 나간다.

1下2(與民同之) 백성과 즐거움도 같이하고 근심 걱정도 같이하면 왕 노릇을 잘할 수 있다.

1下4(苑의 크기) 鳥類와 獸類를 기르는 苑의 크기는 백성들이 좋아하면 아무리 커도 크다 하지 않고 백성들이 싫어하면 아무리 작아도 작다 하지 않는다.

女性, 妾婦之道 3下2 여성은 공경하고 조심하여 順從하는 것이 美德이지만 남성(大丈夫)은 天下라는 넓은 집에 살며 올바른 자리에 서고 大道를 실천하는 것을 德으로 삼는다.

歷位, 揖 4下27 국군의 자리를 건너 대화하지 않고 층계 위와 아래에서 서로 揖하지 않는다는 예법을 孟子가 지킨 예이다.

易子敎之 4上18 父子 사이에는 善함을 놓고 서로 책망하지 않는다. 왜냐하면 그것은 父子 간의 情意를 해치기 때문이다. 그러므로 자식은 바꿔서 가르친다.

緣木求魚 1上7 王道(仁德으로 통치)를 주장하고 覇道(武力 등으로 통치)를 배척한다. 패도로 천하를 얻고자 하는 것은 연목구어(나무에서 물고기를 찾는 것)와 같다.

廉士(定義) 3下10 清廉潔白도 인륜을 지키는 차원에서 해석을 달리할 수도 있다. 孟子는 人倫大道에서 벗어난 孤高한 청렴을 취하지 않는다.

榮과 辱(比較) 2上4 仁政. 번영하고(仁卽榮) 어질지 못하면 內憂外患에 의해 욕보는(不仁卽辱) 것을 미연에 방지하기 위해 賢者를 존경하고 능력 있는 자가 일을 맡아야 한다.

永言配命, 自求多福 2上4 자기에게 주어진 天命을 따르고 거기에서 禍를 피하고 福을 구한다.(〈詩傳(시전)〉에서 引用)

禮與食, 禮與娶, 孰重 6下1 예를 지키지 않아야 밥을 먹게 되고, 예를 지키지 않아야 혼인할 수 있다 해도 두 경우 모두 예가 더 중요하다. 이는 마치 형의 팔을 비틀어야 밥 먹을 수 있거나, 남의 집 담장을 넘어 여인을 강탈해야 혼인할 수 있다면 예를 안 지켜도 되는지 반문하고 있다.

禮儀 6下5 禮에 합당한 禮物과 정성이 들어 있는 禮物이라야 답례를 하고 합당한 답례가 있어야 예물교환이 성립된다.

待遇(正當) 5下6 諸侯는 다른 諸侯에게 의지할 수 있으나 보통 선비(士)는 벼슬 없이 제후의 餽養을 받지 못한다. 王公이 선비를 먹여 살리려면 반드시 일자리를 준 다음에 해야 예에 맞는다.

5下7 禮에 합당하게 부르지 않으면 賢者는 苟且스럽게 찾아가지 않는다.

五禁(諸侯間) 6下7 天子와 諸侯 간의 이상적인 관계를 규정한 春秋時代 五霸의 약속 五禁(다섯 가지의 禁忌)을 지키지 못하는 당시 戰國時代의 제후들은 춘추오패의 죄인이라 한다.

五倫, 人倫 3上4 仁政의 근본은 人倫을 밝혀 가르치는 데 있고 聖人은 五倫을 人倫의 근본으로 한다. 다섯 가지의 관계(父子, 君臣, 夫婦, 長幼, 朋友)의 親·義·別·序·信을 말한다.

五十步百步 1上3 爲政者가 王道를 펴지 못하면서 자기는 그래도 다른 제후보다는 더 백성을 위해 노력했다고 自矜하는 것은 전쟁에서 오십 보 後退한 사람이 백 보 후퇴한 사람보다 잘 싸웠다고 주장하는 것과 같다.

惡人也可以祀 4下25 누추해도 목욕하고 나서 제사 지낼 수 있듯이 겉모습보다는 心地가 더 중요하다. 반대로 타고난 자질이 훌륭해도 수양하지 않으면 능력을 발휘할 수 없다.

臥而不聽 2下11 君子는 진퇴를 분명히 해야 하며 몸을 바르게 한 후 예에 맞게 행동한다.

王道 **1上3** 산 사람을 굶주리지 않게 하고 죽은 이를 장사 지냄에 유감(恨) 없게 하는 것이 王道의 첫걸음이다. 나아가 백성들이 부모에게 효도하고 노인을 공경하게 되면(孝悌) 그런 나라의 왕 노릇 못할 사람이 없다.

王道:霸道 **7上13** 霸道와 王道의 차이는 백성의 특성에서 크게 보인다. 패도 치하의 백성은 작은 혜택에 환희에 차 있는 듯 보인다. 왕도 치하의 백성은 혜택에 덤덤하며 부득이 목숨을 바치게 되어도 원망하지 않는다.

2上3 霸道는 以力假仁(힘으로 仁을 가장함)하나 王道는 以德行仁(덕으로 인을 행함)한다.

王無罪歲 **1上3** 왕에게 五十步百步 예를 든 후 孟子는 흉년이 들어 백성이 굶으면 창고를 풀어야 하는데 흉년 때문이라고 흉년에 허물을 돌리지 말 것을 주장한다.

王政(內容) **1下5** 이상적인 王政의 시작은 發政施仁의 시작으로 먼저 窮民(홀아비, 과부, 무자식, 고아)을 보살핀다.

王政(王道政治) **1上3** 五十步百步란 名句로 養生喪死에 유감없게 하면 백성들이 모여들어 자연히 국력이 증가한다.

王政後 民服 **3下5** 湯(殷)의 예를 들어 弱小國을 도와주어도 그 군주가 배신하고 백성들이 따르지 않을 경우 小國

을 征伐한 것은 그 군주가 한 匹夫에 불과하기에 필부를 처벌하기 위함이었다.

枉尺直尋 3下1 한 자(尺)를 굽혀 여덟 자를 펴는 것은 합당한 일이지만 利를 탐해서 행했다면 君子는 따르지 않는다. 즉 君子는 道를 어기고 富貴를 탐하지 않는다.

王天下 2上1 仁政을 베풀고 王 노릇하면 그의 德이 퍼져나가는 속도는 역마보다 빨라 패도를 버리고 왕도를 취할 것을 권장한다.

6下4 利를 가지고 군왕을 설득하여 전쟁을 예방하려는 벼슬아치에게 孟子는 仁義를 가지고 설득하는 것이 옳다고 주장한다.

7上20 君子에게는 세 가지 즐거움이 있다. 그 중 천하의 왕 노릇하는 萬乘의 즐거움은 들어가지 못한다. 세속적인 권력을 탐하지 않는 것이 君子의 도리임을 주장한다.

外貌(同耳) 4下32 외모는 聖人도 衆人과 같다. 다른 점은 성현의 마음에는 仁義의 道가 새겨 있고 중인의 마음에는 그렇지 못하다는 것이다.

畏天 1下3 '樂天' 參照.

勇士不忘喪其元 3下1 정당한 방법으로 신하를 대할 때 임금의 부름에 응한다. 용사는 원칙을 지키고 뜻을 굽히지 않기 위해 항상 자기 목을 잃을 것을 잊지 않는다.

口, 惡鄭聲, 惡紫, 惡鄕原 등 여섯 가지를 들고 있다.

義而後其君 1上1 의로우면서 자기 임금의 일을 소홀히 하는 사람은 없다.

義戰 7下2 春秋時代의 戰爭은 대부분 義戰이 아니고 대등한 지위에 있는 나라들의 覇權을 잡기 위한(의롭지 못한) 전쟁이었다.

以大事小, 以小事大 1下3 두 가지 외교정책이다. 以大事小는 樂天的 仁者가 천하를 다스리는 정책 중 하나로서 大勇을 가진 임금이 이에 해당한다. 以小事大는 小勇을 가진 畏天的 君主가 小國을 지키기 위한 외교정책이다.

易言無責 4上22 말을 쉽게 하는 것은 그 말에 책임지지 않겠다는 것이다.

以佚道, 以生道 7上12 편안하게 해주기 위해(佚道. 일도) 백성을 힘들게 하면 힘들어도 원망하지 않고, 살리려다(生道) 죽게 되면 죽어도 죽인 임금을 원망하지 않는다.

(樂)以天下 1下4 즐거움을 천하와 더불어 하고 근심도 천하와 더불어 하면서 왕노릇 못할 사람은 없다.

(憂)以天下 1下4 '(樂)以天下' 參照.

仁 4上10 自暴自棄者와는 서로 대화하거나 일을 같이 할 수 없다. 禮義를 비난하는 말을 하면 자포(자기를 해치는) 자가 되고 仁에 살고 義를 따르지 못한다는 사람을 자기

仁也者人也 7下16 仁은 사람이 사람 노릇하는 것이다. 仁과 사람(人)을 합하면 道가 된다.

仁言不如仁聲 7上14 評判은 민심을 얻는 데 중요하다. 교화(善教)는 民心을 얻는 데 정치(善政)보다 더 효과적이다. 善政은 백성을 두렵게 해 재물을 얻게 하지만 善教는 서로 사랑하게 해 民心을 얻는다.

仁與不仁 4上2 事君의 모범은 舜의 堯에 대한 것이고 堯의 治民은 정치의 거울로 삼아야 한다.

仁義 內在 外在 6上4 告者는 仁은 인간에 內在하고 義는 外在한다고 주장했다. 그러나 孟子는 仁義 모두 인간에 內在한다고 주장했다.

保存 6上8 인간에 內在하는 仁義를 보존하는 것은 양심을 잃지 않는 것과 같다. 계속 伐木하는 산에 좋은 재목이 없듯이 계속 버리면 仁義가 보존되지 않는다.

仁義 由仁義行 4下19 인간이 금수와 다른 점은 극히 적으나 서민은 그것을 버리고 君子는 그것을 지니고 있다. 君子는 仁義에 따라 자연스럽게 행동한 것이지 억지로 따른 것이 아니다.

仁義禮智信 7下16(參) 인간이 仁을 행하는 것을 합하면 道가 된다. 義禮智信을 합하면 더욱 완벽한 道가 된다.

仁義而已矣 7上33 "士는 무엇을 일삼는가?"라는 질

무기를 제압할 수 있다.

7下3 지극히 어진 군주가 제일 어질지 못한 군주를 伐함에 핏물이 절구를 흘러 내려가게 할 정도였다는 史書의 기록은 믿을 게 못 된다. 이런 과장이 심한 사실 기록은 없느니만 못하다.

7下4(好仁天下無敵) 殷의 湯王을 예로 들어 남쪽을 征伐하면 북쪽에서, 북쪽을 공격하면 남쪽에서 왜 우리를 뒤로 하는가 불평할 정도로 정복되기를 천하 만민이 원한다면 征이 正이 되고 戰이 無用하게 된다.

仁者不仁者 7下1 仁者는 사랑하는 사람을 대하는 마음을 사랑하지 않는 사람에게까지 미치게 하는데 不仁者는 사랑하지 않는 사람에게 대하는 마음을 사랑하는 사람에게까지 미치게 한다. 잔인한 전쟁으로 보복하기 위해 자기 자제들까지 순직하게 한다.

仁政結果 2上5 천하의 선비가 모이고, 많은 상인이 들어오고, 이에 따라 사람들이 그 나라 길에 모이고, 그 나라에서 농사짓기를 원하고, 결국 그 나라 백성이 되기를 원한다. 임금을 父兄같이 여기고 이웃 나라가 공격해 오면 자기 부형이 공격당하는 것으로 본다.

仁政과 戰爭 1下11 전쟁에 이겼어도 德治에 입각하지 않으면 성공할 수 없다. 占領地의 民意와 自決權을 존중

는 사람을 성스럽다(聖) 하고, 성스러우면서 쉽게 예측할 수 없는 사람을 신령(神靈) 같다 한다.

一簞食 一瓢飮 4下29　聖賢의 행동은 시간과 공간에 따라 표현은 다르다 해도 그 근본은 같은 것이다. 그런 뜻에서 顔回(顏子)는 禹임금이나 堯의 신하 稷과도 통한다.

一日暴之 十日寒之 6上9　하루 덥고 열흘 추우면 제대로 자랄 생물이 없을 것이다. 마찬가지로 하루는 賢者의 말을 듣고 열흘은 사악한 자들의 말을 들으면 仁義를 따르는 良心을 버리게 된다.

立命(守天命) 7上1　자기 마음을 살피고, 자기의 性을 기르는 것이 하늘을 섬기는 방법이다. 오래 살건 短命하건 관계없이 자기 德을 닦아 天命을 기다리는 것이 천명을 지키는 것이다.

自侮, 自毁, 自伐　'不仁結果' 參照.

自暴, 自棄 4上10　禮義를 비난하는 말을 하면 自暴(자기를 해치는)者가 되고 仁에 살고 義를 따르지 못한다는 사람을 自棄(자기를 버리는)者라 한다.

長幼卑尊爲善 3下6　나이 많은 사람, 젊은 사람, 지위가 높은 사람, 낮은 사람 모두가 善을 행하면 누구도 不善을 행할 수 없다.

(對)長者之禮 2下11　현명한 사람이라야 賢者(스승)를 편

의 자제를 기른다. 부모의 훌륭한 보람을 나누어 갖게 함이다.

知其性 7上1 良心을 다하면 인간의 본성을 알게 된다. 이것으로 天命을 알게 되고 수양하고 기다리는 것이 立命(천명을 지킴)하는 길이다.

指不若人 6上12 손가락이 不具라면 십 리를 멀다 않고 고치러 간다. 마음이 남과 같지 못하면 고칠 줄 모르니 이것은 輕重을 가리지 못하는 것이다.

志士不忘在溝壑 3下1 뜻 있는 사람(志士)은 늘 시궁창에 던져질 각오를 하고 不當함에 屈從하지 않는다. 굽은 방법(枉道)으로 취하는 富貴를 君子는 허용하지 않는다.

5下7 위 3下1 參照. 君子는 예가 아니면 구차하게 찾아 나서지 않는다.

知養身 (弗思) 6上13 한 움큼의 나무를 꼭 기르려 한다면 그 방법을 생각해낸다. 자기 몸을 수양하는 방법을 몰라도 생각해내려 하지 않는다. 중요한 것을 소홀히 하고 있다.

(不)志於仁 6下9 當時(戰國時代)의 이른바 良臣은 堯舜時期의 民賊이다. 이들은 토지를 늘리고, 창고를 채우고, 이를 위해 전쟁을 한다. 그러나 仁에 뜻을 두지 않으면 하루도 버틸 수 없을 것이다.

내가 죽이지 않았고 칼이 죽였다 하는 것과 비유된다.

天吏 2下8 무도한 나라는 하늘의 일꾼(天吏)이 伐할 수 있다. 義로운 나라가 不義한 나라를 伐할 수 있지만 不義한 나라가 不義한 나라를 伐하는 것은 불가능하다.

天命(定義) 5上6 天子의 位를 賢人에게 禪位하는 것과 자식에게 繼承하는 것 모두 天命이다(天與賢則與賢, 天與子則與子). 孔子는 天子가 될 자질이 충분했으나 하늘에 의해 추천되지 못했다. 여기서 天命은 民意를 뜻한다고 볼 수 있다.

(天)命論 7下24 仁義禮智와 道를 지킴은 사람의 본성에서 기인하지만 德을 닦아야 천명을 完成한다.

天未欲平治千下 2下13 孟子는 당시(戰國時代)의 혼란을 恨歎한 것이다. 하늘의 뜻이 天下를 太平케 하려 하지 않고 있다. 오백 년이 지나면 聖王이 나오는데 칠백 년이 지나도 나오지 않고 있다.

天性(形色) 7上38 체구와 용모는 天性을 나타내지만 성인만이 천성대로 살아 性과 形(色)이 서로 맞지만 凡人은 맞지 않는 경우가 허다하다.

天時, 地利, 人和 2下1 天時는 地利만 못하고 地理는 人和만 못하다. 道를 얻은 사람은 도와주는 사람이 많게 마련이다. 道를 잃은 사람은 친척도 돌아선다. 그러므로 君

존재한다. 존경의 대상이라고 볼 수 있다. 鄕里에는 나이가, 조정에는 작위가 존경의 대상이며, 天下에는 德(세상을 돕고 백성의 어른이 되는)이 그것이다.

天下有道 4上7 天下에 正道가 행해지면 德이 적은 이가 큰 이의 부림을 받고 道가 낮은 사람이 높은 사람의 부림을 받는다.

天下之大本 4上5 천하의 근본은 나라(諸侯國)에 있고 나라의 근본은 집에 있고 집의 근본은 修身에 있다.

天下平 4上11 道는 가까운 데 있는데 먼 데에서 구하려 하고, 일은 쉬운 데 있는데 어려운 데서 찾는다. 어버이를 섬기고 年長者(有能한 사람)를 따르면(親其親 長其長) 천하는 和平해진다.

淸廉의 기준 3下10 父母 兄弟 관계(人倫. 도덕 기준의 기본)를 도외시한 청렴은 있을 수 없다.

忖度之心 1上7 남이 행하고도 모르는 일을 미루어 짐작할 수 있는 능력을 말한다.

畜君者好君也 1下4 임금이 좋아하는 것을 제지하는 신하는 그 임금을 좋아하는 신하다.

春秋無義戰 7下2 春秋時代에 義戰은 없었다. 나라 간에 善政의 程度의 차이는 있을 수 있었겠으나 征은 上伐下, 즉 천자가 제후국을 벌할 때 쓰는 말이다. 대등한 나라

治天下 2上6 天下를 다스리는 근본은 백성에게 차마 잔인하게 하지 못하는 마음(不忍人之心)에 있다. 사람이 四肢를 가진 것처럼 天下에 四端을 擴充하면 四海를 편안하게 할 수 있다.

親其親, 長其長 4上11 사람마다 부모를 섬기고 年長者(윗사람과 유능한 사람)를 공경하면 천하는 태평해진다.

親親 > 仁民 > 愛物(동물) 7上45 어버이를 섬긴 후에 백성을 仁으로 대하고 그 후에 동물을 아껴(愛. 사랑)준다. 동물은 仁으로 대하는 것이 아니고 아끼는 것이다.

親親仁也 6下3 어버이를 어버이로 섬기는 것이 바로 仁이다. 어버이의 허물이 적은데 원망하거나 큰데도 원망하지 않는 것은 모두 不孝다.

飽乎仁義 6上17 사람들은 누구나 貴한 것을 구한다. 山海珍味로 채우기보다 더 귀한 仁義로 채워야 한다.

馮婦(풍부) 7下23 때와 장소에 따라 해야 할 일과 하지 않아야 될 일을 분간할 줄 알아야 한다. 馮婦는 晉(진)나라 사람으로서 범을 잘 잡았다고 한다. 모두 포기한 것을 구태여 계속하는 愚를 말함.

避水火 1下10 民意, 즉 自主的 결정을 重視하고 그에 따르는 것이 得天下의 要諦가 됨을 周文王의 예를 들고 있다. 他國을 정벌하여 그 백성이 기뻐하면 취하고 기뻐하지

學說比較 및 批判

大孝 4上28　天下를 가져도 부모를 즐겁게 하지 못하면 그것을 초개 같이 여긴 舜임금의 孝를 大孝라 한다. 즐겁게 하지 못하면 사람 노릇을 못한 것이고 어버이가 따르지 않으면 자식 노릇을 할 수 없다. 父親이 기뻐하게 됨에 이르니 天下가 感化되고 倫常이 정해졌다.

大孝終身慕父母 5上1　富, 貴, 色만으로는 근심을 다 풀 수 없다. 父母의 사랑을 받아야 모든 근심이 풀린다. 어려서는 부모를 따르고, 色을 알고는 美女를 따르고, 妻子가 생기면 처자를 따르고, 벼슬길에서는 임금을 따르고, 舜과 같은 大孝子는 終身토록 父母를 사모한다.

墨家(批判) 3上5　墨家의 兼愛說 비판. 이웃집 아기와 형님의 아기를 똑같이 사랑하는 것이 같거나 같아야 하는지 묻고 비판한다.

百里奚(백리해. 知而賢) 5上9　百里亥는 벼슬을 위해 자기를 팔았다는 잘못된 말이 돌고 있었다. 그러나 그는 오

빠져 부모를 돌보지 않는 것, 재화를 좋아하고 처자식만 돌보고 부모는 돌보지 않는 것, 쾌락과 향락을 위해 부모를 욕되게 하는 것, 성내고 싸워 부모를 위태롭게 하는 것 등이다.

貧賤不爲憂 **7上27** 貧賤 때문에 마음의 동요함이 없게 되는 것이 귀중하다. 君子는 참고 욕심을 부리지 않고 賤하게 되어도 正道를 잃지 않는다.

事親爲大 **4上19** 주군을 섬기는 것이 가장 큰일인가 하는 질문에 孟子는 부모 섬김이 가장 큰일이라 했다. 또한 지키는 것들 중 자신을 지키는 것이 가장 큰 것이 된다고 했다.

生於憂患, 死於安樂 **6下15** 하늘이 큰일을 맡기려는 사람들에게는 먼저 그들의 心氣를 괴롭히고 筋骨을 수고롭게 하고 육체를 굶주리게 한다. 그러므로 憂患 속에서는 일어서고 안락 속에서는 망한다.

舜, 聖人論 **7上16** 聖人과 凡人의 차이를 舜의 예로 밝히고 있다. 그 차이는 出身이나 環境에 따른 것이 아니고 오직 存心向善하는 그 힘에서 나는 것이다.

舜과 蹠 **7上25** 大聖 舜과 大盜 蹠(척)의 차이는 利를 추구하느냐 아니면 善을 추구하느냐 여부일 뿐이다.

(讚)舜 **7下6** 舜은 형편이 곤궁할 때나 天子가 되어 好衣

좋은 점을 받아들인다. 子路는 남이 허물을 지적하면 기뻐했고, 禹임금은 善한 말을 들으면 절을 했고 舜은 일생 동안 여러 일을 하면서 남의 의견을 취해 선을 행했다.

終身之憂, 可憂 4下28 君子는 하루 안에 끝나는 걱정은 없다. 君子는 늘 自己反省을 통해 스스로를 걱정하고 격려한다.

何必曰利 1上1 利를 취하는 것을 목표로 하면 왕도정치를 할 수 없다. 王道에는 仁과 義가 있을 뿐이지 利를 목표로 하지 않는다.

學問之道, 求放心 6上11 仁은 사람의 마음이요 義는 사람이 따라가야 하는 길이다. 그 길을 버리고 그 마음을 내놓고 찾을 줄 모른다. 학문의 길은 다른 것이 아닌 내놓은 마음을 찾아오는 것일 따름이다.

學問之道, 必以規矩 6上20 理論의 前提와 方法(paradigm). 활쏘기(弓術)를 배우려면 팔 당기기 등 기본적인 規矩를 익혀야 하며 木匠 大木도 그 規矩를 가지고 가르친다. 학문도 마찬가지이며 이것을 이론 구성에서는 方法論이라 부르고 그 대전제를 패러다임이라 하며 이것을 이해하고 새로운 것일 경우 구성할 수 있어야 한다.

恒産, 恒心 1上7 恒産이 없이도 恒心을 가질 수 있는 사람은 선비뿐이다. 일반 백성은 恒産이 없으면 恒心도 없

賢不肖之相去 4下7 인격을 갖춘 사람이 갖추지 못한 사람을 길러주고 才能 있는 사람이 재능 없는 사람을 길러주어야 相互補完이 가능하다.

賢王, 賢士 7上8 당시(戰國時代) 賢王은 권세를 잊고 善을 추구했다. 賢士도 마찬가지로 자기의 道를 즐기고 남의 권세를 잊고 살았다. 王들은 현사를 만나기 어려웠고 현사를 신하로 삼기는 더 어려웠다.

賢者以其昭昭 7下20 밝음으로는 남을 밝게 만들 수 있지만 흐려진 법도로는 남을 밝힐 수 없다.

挾泰山, 爲長者折枝 1上7 하지 못하는 것(不能)과 하지 않는 것(不爲)의 차이를 말한다.

豪傑과 凡人 7上10 文王 같은 聖君 아래서는 일반 백성도 분발하여 豪傑이 되지만 豪傑은 聖君 없이도 스스로 분발한다.

好辯 不得已 3下9 孟子가 好辯 여러 학파를 비판하며 논쟁을 많이 한 것은 聖人의 大道를 밝히고 仁義가 세상에 행해지게 하기 위해 부득이 그리 한 것으로 호변 자체를 좋아한 것은 아니었다.

浩然之氣 2上2 浩然之氣의 定義. 그것은 지극히 크고 지극히 굳센 것으로 그 氣는 正義 및 正道와 병행하며 그것은 인간의 外在的인 것이 아니고 君子에게는 內在하는

다 할 수 있다. 孟子는 강조했다. 親喪에는 진실로 정성을 다해야 한다. 거친 베옷과 된 죽을 먹으며 三年喪을 지낸 것은 三代(夏·殷·周)에 모두(天子부터 庶人까지)가 계속해서 지킨 禮法이었다.

孝, 不孝, 至孝 6下3 부모의 허물이 커도 원망하지 않으면 부모와 疎遠해지는 것이다. 부모의 허물이 적어도 원망하면 이것은 부모가 자식 비위를 맞추게 하는 것으로 둘 다 不孝가 된다. 孔子도 말했듯이 50세가 넘어서도 자기를 원망하며 부모를 사모한 舜임금이야말로 至孝라 할 수 있다.

孝, 舜(父殺人則) 7上35 (〈論語〉 子路18) 舜의 臣下 皐陶(고요)가 司法 담당관으로 있을 때 舜의 父가 殺人을 했다면 舜은 어떻게 행동했을까? 체포까지는 하도록 두고 틈을 보아 업고 도망쳐 나와 찾지 못할 먼 곳에서 봉양하고 살았을 것이다. 이처럼 孝는 가장 큰 德目이다.

> **孝行, 不忍食羊棗(曾子) 7下36** 曾子는 그 부친이 좋아했던 羊棗(고욤)를 먹지 않았다. 膾炙도 부친이 좋아했으나 曾子는 膾炙은 먹었다. 그 이유는 회적은 많은 사람들이 좋아했지만 고욤은 曾子 부친만 좋아했기 때문이다.

孝悌而已矣 6下2 堯舜의 道는 孝와 悌일 뿐이다. 즉 부모에게 효도하고 윗사람(연장자, 상급자, 자기보다 능력이 있는 사람 포함)을 공경하는 것일 뿐이다. 道는 큰길과 같아 누구나 따라갈 수 있고 따를 수 없을까 걱정하지 않아도 되며 다만 하지 않는 것이 병폐일 따름이다.

孝悌忠信 **7上32** 君子는 일하지 않고 밥 먹는다. 그가 사는 나라에서 君主가 起用하면 나라가 편안해지고 부유해지며 그 자신도 존귀하고 영화롭게 되며 나라의 자제들이 따라 孝悌를 지키면서 일에 충실하고 서로 신뢰하게 되니 이런 일을 하고 먹는 밥을 공짜라 할 수 없다.

諱名, 不諱姓 **7下36** 姓은 여럿이 쓰고 있어 꺼리지 않는다(不諱). 그러나 이름(名)은 혼자 쓰는 글자이므로 꺼린다(諱).

21세기에 다시 살펴보는 공맹사상

사서색인

지은이 박상태
펴낸이 정규도
펴낸곳 (주)다락원

초판 1쇄 발행 2022년 12월 20일

편집 권명희
디자인 ALL designgroup

다락원

주소 경기도 파주시 문발로 211
구입문의 (02)736-2031 내선 250~252
팩스 (02)732-2037
출판등록 1977년 9월 16일 제406-2008-000007호

ISBN 978-89-277-2311-0 03140
정가 11,000원

http://www.darakwon.co.kr